# 復元！
# 被爆直前の長崎
## 原爆で消えた1945年8月8日の地図

布袋 厚  Hotei Atsushi

長崎文献社

# 『被爆直前の長崎』復元図

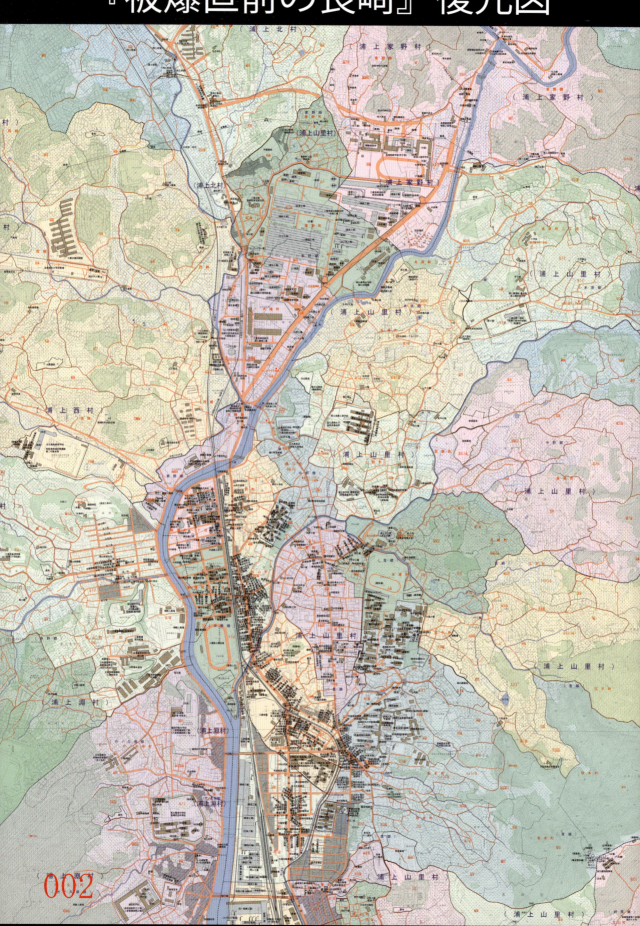

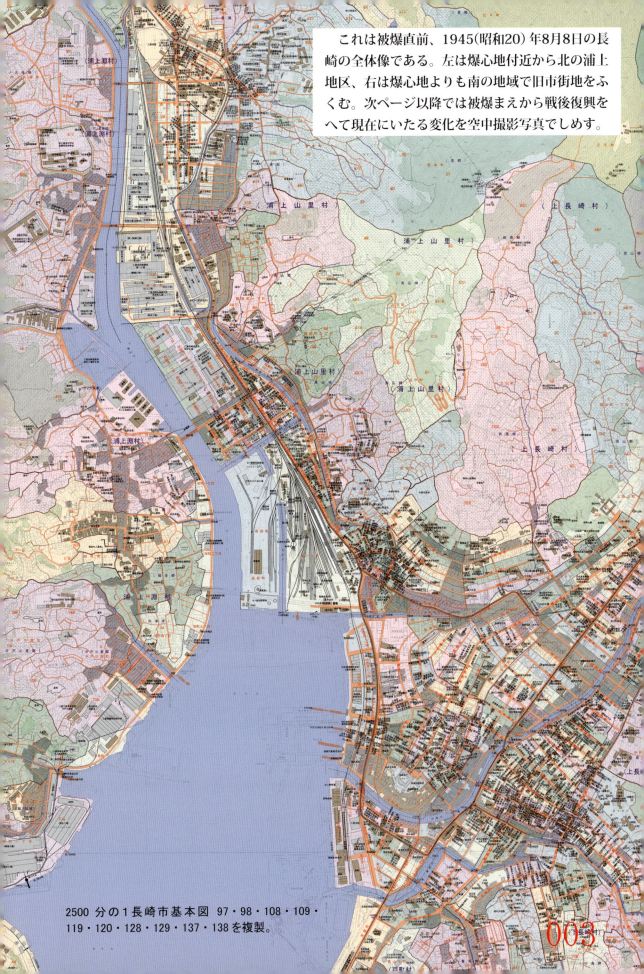

これは被爆直前、1945(昭和20)年8月8日の長崎の全体像である。左は爆心地付近から北の浦上地区、右は爆心地よりも南の地域で旧市街地をふくむ。次ページ以降では被爆まえから戦後復興をへて現在にいたる変化を空中撮影写真でしめす。

2500分の1長崎市基本図 97・98・108・109・119・120・128・129・137・138を複製。

1945年8月7日

現・長崎西高付近　アメリカ軍撮影空中写真　上：1 243NP-1-011（長崎原爆資料館所蔵）　下：USA-R216-60

004

1948年1月13日

1962年7月30日

国土地理院空中写真　上：MKU628-C9-8に加筆　下：CKU20103-C21-40に加筆

2010年5月14日

1945年8月7日

長崎市中心部商業地域　アメリカ軍撮影空中写真　上：1 243NP-1-006（長崎原爆資料館所蔵）　下：USA-R216-76

1948年1月13日

国土地理院空中写真　上：MKU628-C10-9 に加筆　下：CKU20103-C20-43・CKU20103-C20-44 に加筆

# 『被爆直前の長崎』復元図（全体）

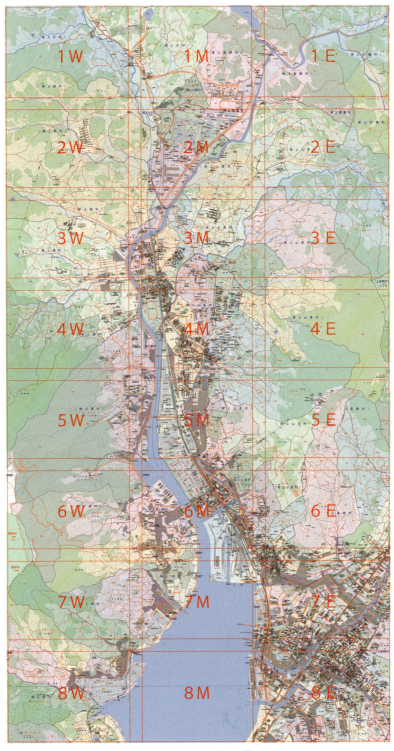

1km

2500分の1長崎市基本図 97・98・108・109・119・120・128・129・137・138を複製。1W〜8Eは、32－125ページにある拡大図の番号である。

# まえがき

布袋　厚

### なぜこの本を出そうと思ったか

この本は『復元！江戸時代の長崎』(2009年、長崎文献社刊)の続編であり、原爆投下直前の長崎の復元図が中心である。

これがあたまにひらめいたのは、『地図中心 2005号外被爆60年増刊号』(財団法人日本地図センター刊)という雑誌をみたときである。これには長崎と広島の原爆投下直前直後の空中写真（航空写真）がのっていて、ひとつひとつの建物や道が、こまかいところまで、手にとるようにわかった。そして、いまの地図とかさなりあう姿がうかびあがった。

じつは、江戸時代の長崎の復元もこれとほとんど同時に思いついたもので、こちらは2004年に発行された復刻版『享和二年肥州長崎図』(長崎文献社刊)をみてからである。

江戸時代の長崎の復元図は、情報密度がそれほどたかくなかったし、正確な絵図にたすけられたこともあり、紙と定規と鉛筆をつかって、数年のうちにすすめることができた(『復元！江戸時代の長崎』71〜85ページ)。

これにたいして、原爆投下直前のほうは、小さな写真にいろいろなものがぎっしりとつまっていて、とても手におえるものではなく、そのままほうっておくしかなかった。

こうして、年月がすぎるうちに『ビオトープ・里山復元の20年』(2016年、長崎文献社刊)をまとめる機会があり、そこでデザイン業界で標準とされているIllustratorというグラフィックソフトをつかうことになった。これがきっかけで、空中写真から地図をつくる方法がわかり、原爆投下まえの長崎を復元するという作業が現実のものとなってきた。

これには、江戸時代の復元図よりも有利なことがおおくあった。何より写真があるので、絵図よりもずっと正確な位置とかたちがわかった。いまものこっている建物や道などがあって、位置を正しくあわせることができた。さらにいろいろな資料がたくさんあり、当時のことを知っている人がいて、話をきくことができた（最年少でも80歳であり、時間との競争であった）。

### 江戸時代から現代までのつながりを解く

この本は第2次世界大戦末期の長崎をとおして、江戸時代から現代までのつながりをあきらかにすることを目的としているので、とくに旧市街地の復元に力をそそいだ。浦上地区の復元図は1970〜1974年に長崎市によってつくられているものの、旧市街地のそれは旧県庁のまわり以外はつくられていなかった。

原爆被害については、これまでにおおくの本がだされているので、今回はほとんどとりあげなかった。しかし、まちがったイメージがひとり歩きしているので、正しい事実をあきらかにした。

さらにいままでにないものとして、小字地図をくみこんだ。小字とは郡ー村ー郷につづく区割りの単位であった。しかし、戦後はつかわれなくなり、市役所にのこっている図面も、歴史的な遺産という考えかたはほとんどなく、行政上不必要という理由で、すてられようとしており、小字そのものが消滅の危機にひんしている。

この本の復元地図は大きすぎて1枚の紙におさまらないので、全体を24枚（左ページの1W〜8E）の図にわけ、地図帳にして、解説をつけた。また、当時の長崎全体の特徴や、場所についての江戸時代から現代へのうつりかわりもとりあげた。

# 復元！被爆直前の長崎　もくじ

口絵……………………………………………… 2
まえがき………………………………………… 9

## 第1章　原爆投下前の長崎

①旧市街地の町割り……………………………14
　江戸時代の姿がのこっている背わり方式の町
②旧郡部の町割り………………………………16
　村時代の郷と字が基本でいまの町名ができた
③海岸線と川・水路……………………………18
　銭座町の電車通りは川だった名残りがある
④路面電車と国有鉄道…………………………20
　立体交差になる前は桜町で峠越えして古町へ
⑤道路……………………………………………22
　いまの町並の骨格ができた「街道」の発展
⑥学校……………………………………………24
　名前に軍国主義の影。唯一の大学は長崎医科大
⑦都市計画………………………………………26
　北部の工業地帯・南部の商業地域に大別できた

## 第2章　地図帳・24区分の詳細

①1W　西北郷付近……………………………30
　現・赤迫－柳谷町周辺に6本のトンネル工場
②1M　東北郷－家野郷西部…………………34
　現・住吉町周辺には兵器工場関連施設が
③1E　家野郷東部－川平郷…………………38
　現・西浦上小学校周辺から川平町にかけて
④2W　浦上西村・西郷………………………42
　現・西町付近には長崎医科大射撃場があった
⑤2M　大橋町・家野町付近…………………46
　現・長崎大学文教キャンパスは兵器工場
⑥2E　本原町付近……………………………50
　現・石神町－三原1・2丁目に宗教史の跡が
⑦3W　西郷南部・城山町一丁目……………54
　現・油木町－城栄町付近は学校の変遷激しく

⑧3M　駒場町－上野町………………………58
　現・山里小周辺から浦上天主堂までの変遷
⑨3E　高尾町付近……………………………62
　金比羅山の北西にのびる尾根の両がわ
⑩4W　城山町・竹ノ久保町北部……………66
　城山国民学校の鉄筋校舎遺構が国の史跡に
⑪4M　浜口町・山里町・坂本町付近………70
　長崎医科大学と附属医院が広域に展開
⑫4E　江平町－金比羅山……………………74
　穴弘法奥ノ院など古い歴史遺構が数多く残る
⑬5W　竹ノ久保町南西部－稲佐山北東部……78
　現・長崎西高、活水高の敷地は陸軍の施設
⑭5M　竹ノ久保町南東部・目覚町周辺……82
　長崎兵器製作所の茂里町工場では魚雷をつくる
⑮5E　浜平町－金比羅神社周辺……………86
　金比羅山にならぶ砲台陣地と兵舎群
⑯6W　稲佐山東斜面…………………………90
　稲佐山にも多数の陸軍施設があった
⑰6M　稲佐町北東部・船蔵町－御船町付近…94
　稲佐山登山道の入口にいまも残る遊郭跡
⑱6E　立山町付近……………………………98
　立山役所跡をかこむ憲兵隊本部や県庁仮庁舎
⑲7W　稲佐山南東斜面………………………102
　飽の浦の三菱の施設は戦後、占領軍の本部に
⑳7M　長崎港奥周辺・旭町・丸尾町………106
　魚市場のとなりに中ノ島高射砲陣地
㉑7E　旧市街地北部…………………………110
　新興善・勝山・磨屋、3つの国民学校の運命
㉒8W　飽ノ浦町付近…………………………114
　三菱長崎造船所は「構内汽車」ですみずみまで
㉓8M　羽衣町・常盤町………………………118
　出島ワーフは旧羽衣町・水辺の森公園は埋立地
㉔8E　旧市街地南部…………………………122
　大戦末期は築町市場が避難所に

## 第3章　地図は語る―崩壊への道

①軍事施設・軍需工場・三菱寮……………128
　長崎全体が兵器工場施設に結びつく要塞だった
②総動員体制と国策会社……………………130
　会社や店が国の都合で強制的に統廃合された
③空襲と疎開…………………………………132
　原爆以前に長崎の都市崩壊がはじまっていた
④庶民の生活…………………………………134
　いまでは見られない商店で売られていたもの

## 第4章　意外な原爆被害

①「一瞬ですべてが灰」はまちがい…………138
　はじめは小さな火種、そして燃え残った木片
②忘れがちな旧市街地の大火………………140
　爆心地から離れた商店街・長崎駅周辺が壊滅
③爆風と黒い雨………………………………142
　山をこえた熱風がきて諫早市内にも被害

## 第5章　復元図ができるまで

①空中写真と重ね合わせ……………………146
　パソコン上での精密作業は水路・道路が目印
②被災地復元図と長崎原爆戦災誌…………148
　知らない情報がぎっしりでおどろきの連続
③戦中戦後の地図・人名録…………………150
　前後の資料からわりだす住宅地図の商店名
④地上写真を総あたり………………………152
　空中写真と見くらべて建物をわりだす
⑤住宅地図で追跡……………………………154
　会社や店をつきとめるパズルのような作業
⑥社史・個別聞き取り………………………156
　最後の手段はひとつずつ情報のつみかさねで

## 第6章　地図・写真にみるいまむかし

①立山屋敷－長崎歴史文化博物館…………160
　奉行所跡では県の建物がめまぐるしく変わる
②代官屋敷－桜町小学校……………………162
　戦後県庁が仮住まい。長崎の学校変遷の縮図
③唐通事会所－長崎市立図書館……………164
　戦後、救護所となり患者が殺到、後に大学病院に
④小倉屋敷－長崎腎病院……………………166
　明治初期に「長崎新聞」を発行、その後学校に
⑤桜町牢屋敷－市役所別館…………………168
　商工会議所のうつくしい建物にはＮＢＣもあった
⑥三菱兵器大橋工場－長崎大学……………170
　原爆で全滅した兵器工場跡にまぼろしの長崎精機

## 第7章　被爆前の長崎を見つける

①路面電車の線路跡…………………………174
　土地の境界線にいまも線路跡の痕跡がのこる
②焼けのこった建物…………………………176
　修復されていまもつかわれる教会や銀行
③街なかのふるい建物………………………178
　創建時からつづく商店も原爆被害から生きのこる
④長崎医科大学………………………………180
　知られざる被爆前の遺構が構内にいくつも
⑤現役の土木遺産……………………………182
　戦前の近代化遺産が日常のなかにさりげなく

あとがき………………………………………185
参考資料一覧…………………………………186

---

### カコミ記事

機銃陣地と高射砲陣地……………65
浦上新田と洪水対策………………77
いまものこる干潟の地形…………81
金比羅砲隊陣地までの軍用道路…89
長崎要塞……………………………93
ふるい川の痕跡……………………105

# 第3版・第4版について

## 第3版について

　初版の発行後、予想をこえる反響があり、はやくも2回目の重版となった。

　1回目のときは、原爆投下後の空中写真の説明に撮影日をいれ、マリア学院の写真を公式の鮮明な画像にさしかえ、三菱船型試験場や石柱の写真を追加したほかは、まちがい字やわかりにくい文を修正したぐらいである。

　しかし、今回は出版後によせられた情報により、地図や本文におおくのことをかきこむことができた。

　長崎駅前やそのまわりは原爆による火事と戦後の区画整理のため、手がかりがすくなく、ほとんどわかっていなかった。しかし、西坂国民学校の卒業生らによる復元図があるという知らせがきっかけでその空白がうめられた。おなじころ原爆資料館に寄贈された同校卒業生制作の資料により、西坂国民学校内のくわしい状況を知ることもできた。

　また、どうしてもわからなかった「出島町の川南（かわなみ）病院」について、当時のことを直接ご存じのかたから情報提供があり、場所だけでなく、くわしい歴史までわかった。

　さらに疫病のあおりで先送りになっていた『長崎橋梁台帳』（古賀十二郎編・長崎歴史文化博物館所蔵）をようやくみることができたので、橋の名まえを大幅につけくわえた。

　第3版では、これらのあたらしい事実のほか、空中写真を注意ぶかく解読して、送電線や一部の配電線をつけくわえた。また、現・西浦上小学校の敷地にあった「陸軍気球陣地」の建物の正確な位置がわかったので修正した。さらに旧村名や旧郷名などが一部のページにしか出ていなかったり、文字が途中で切れていたりして、わかりにくかったので、それぞれの見開きに出てくるように地図全体を手なおしした。

## 第4版について

　第3版の発行後、いくつかの大きな修正をした。

　長崎経済専門学校や県立長崎高等女学校を中心とした西山町・片淵町の地図をあらたに追加した。これらの学校は本文中でとりあげられ、かつ、被爆者の証言にたびたびでてくる。

　三菱長崎兵器製作所茂里町工場と三菱長崎造船所幸町工場とのあいだにしるされていた水路を消去した。これは現存し、長崎市の『被災地復元図』にしめされているものの、当時の空中写真と地上写真では確認できずにいたものである。しかし、『長崎市制六十五年史』により、戦後あらたに掘削されたことがあきらかになった。

　これまでよりもひろい範囲の原爆投下前の空中写真を入手したので、三菱関係の寮をトレースしなおした。また、現在の西町小学校にあたる場所の字界をひきなおした。

　国立国会図書館デジタルコレクションに大量の『日本占領関係資料』が公開されたのを機会に、これまでみおとしていた建物疎開地のほか、あらたにわかった三菱兵器炉粕町社宅、中華民国領事館、長崎警防団第八分団消防車庫（丸山町）などを追加した。

　そのほか、読者からの情報提供により、現・印刷会館となっている建物（千馬町）の正体がわかったので追加した。

# 第1章

# 原爆投下前の長崎

　長崎は江戸時代や明治・大正期、戦後のまちが注目され、たくさんの本や地図がだされている。ところがこれらをつなぐ太平洋戦争中のまちは軍事機密のベールにつつまれ、あるいは物資不足や混乱のなかで、記録されることがすくなかった。今回はじめてつくられた地図をとおして、最初に長崎の全体の姿をながめていく。

（写真提供／長崎原爆資料館　1-243NP-1-006）

# 第1章　原爆投下前の長崎

①旧市街地の町割り

## 江戸時代の姿がのこっている背わり方式の町

### 長崎市のもとになった村

　第二次大戦時の長崎市のもとになったところは、江戸時代の幕府領だった「市中」80町と長崎村・浦上山里村・浦上淵村、大村領だった浦上西村・浦上北村・浦上家野村・浦上木場村・滑石村・戸町村、佐嘉領だった神ノ島村・戸町村・小嘉倉村・土井首村である。ふたつの戸町村のうち大村領のほうは、外国人居留地をつくるため、1857（安政4）年に幕府領となった。

### 長崎県の誕生

　太陽暦1868年1月（旧暦慶応3年12月）のクーデター（世にいう「明治維新」）で権力をにぎった薩長公家連合の新政府は長崎やまわりの幕府領を「天領」（＝天皇の領地）とさだめて長崎裁判所をおいた。同年のうちに長崎裁判所は長崎府（「府」＝城代・奉行の支配地だったところ）となり、翌年には長崎県とあらためられた。
　このときの長崎県はいまよりもずっとせまく、市中80町のまわりと野母半島（別名・長崎半島）の一部、それに東長崎の一部で、いりくんだ飛地になっていた。県の範囲がいまとおなじになったのは1876（明治9）年である。

### 大区と小区、制度は失敗

　1872（明治5）年、新政府はそれまでつづいてきた村＝地域共同体を無視して、「大区小区」制をしいた。これにより、市中80町・長崎村・浦上淵村・戸町村をあわせた「第1大区」と浦上山里村・西浦上村（もとの浦上西村・浦上北村・浦上家野村・浦上木場村・滑石村）・時津村・長与村・伊木力村などをあわせた「第15大区」といったものがつくられた。大区はさらにこまかく小区にわけられた。
　地域の実情を無視した大区小区制は、人々にうけいれられず失敗し、1878（明治11）年に廃止され、むかしながらの村が復活した。

【1-001】長崎市にくみこまれた村とうめたて地　A：幕末のうめたて地　B：1904（明治37）年のうめたて地　C：その後のうめたて地　左中央やや上の斜線部分は寺野郷　市中80町には銅座跡と新地蔵所をふくめた

## 長崎市の誕生

1878（明治11）年、市中80町と外国人居留地、もと大村領戸町村のあたらしい3町をあわせ、長崎区ができた。さらに1889（明治22）年、市町村制ができて、長崎区は長崎市となった。

江戸時代の市中80町は、第二次大戦のころも、ほとんどそのままつづいていた。しかし、一部では、名まえがかわったり、ふたつの町が合併したりして、むかしとちがっていた。

## 江戸時代から名まえがかわった町

名まえがかわったところは、萬歳町（旧・島原町）・八坂町（旧・新石灰町と今石灰町）である。萬歳町は1872（明治5）年、明治天皇が町内で宿泊したことを記念して名まえがつけられた。また、八坂町は、江戸時代の現応寺が新政府の神仏分離令によって八坂神社となったことにちなんでいる。そのほか、諏方町が諏訪町になり、銅座跡と新地蔵所が正式の町になった。

## 合併した町

ふたつの町が合併してできた町は、興善町（新興善町＋後興善町）・馬町（北馬町＋南馬町）・紺屋町（今紺屋町＋中紺屋町）・鍛冶屋町（今鍛冶屋町＋出来鍛冶屋町）・築町（西築町＋東築町）・五島町（本五島町＋浦五島町）である。

## べつの町にうつったところ

そのほか、江戸時代には西浜町の南にあった江戸町の飛地が西浜町にうつり、今下町の坂ノ上天満宮の部分が本博多町にうつっている。

## 背わり方式の町

江戸時代からつづいてきた町のほとんどは1960年代のはじめまで、道路をはさんだ両がわがひとつの町で、となりあった町は背中あわせになっていた。

このような町のわけかたを「背わり方式」と

【1-002】長崎市の旧市街地と長崎村　（ ）はもとの村と郷の名まえ、よこ線の部分は市中80町、左下の／／／は幕末のうめたて地、左辺の＼＼＼は1904年のうめたて地

いう。むかしの町は長崎だけでなく、江戸・京都をはじめ、どこでも背わり方式であった。

## 外国人居留地と長崎港改良工事

幕末の開国によって、長崎に外国人居留地をつくることになり、1857（安政4）年に大村領戸町村が幕府領となり、1859（安政6）年から大浦の海岸にうめたて地がつくられ、1863（文久3）年、まわりをふくめて7つの町ができた。

さらに1897（明治30）年から1904（明治37）年にかけて、長崎港をうめたてる大がかりな工事（長崎港第2期改良工事）がおこなわれた。そこに24の町がつくられ、大部分は一丁目・二丁目……というように、こまかくわけられた。

長崎港改良工事でできた町はおおくが背わり方式でつくられた。そのうち、幸町・福富町・玉浪町・梁瀬町のほとんどはのちに大工場をつくるため、道路も境界線の背わりもなくなった。

第1章　原爆投下前の長崎

## ②旧郡部の町割り

# 村時代の郷と字が基本でいまの町名ができた

### 西浦上村・上長崎村・下長崎村の誕生

　1872（明治5）年、浦上にあった旧・大村領の浦上家野村・浦上木場村・滑石村・浦上北村・浦上西村がひとつにまとまって西浦上村になった。しかし、1874（明治7）年、大区小区制のため村がなくなったあと、1878（明治11）年に復活した。いっぽう、長崎村は1885（明治18）年から1889（明治22）年のあいだに上長崎村と下長崎村にわけられた。

### 長崎市誕生で村を切りとる

　1889（明治22）年に長崎市ができたとき、長崎区のほか、上長崎村と下長崎村の一部が切りとられ、長崎市にくみこまれた。その場所は江戸時代の市中をとりかこんでいたお寺や神社の境内、片淵郷の監獄や馬場郷の師範学校のあたり、さらには唐人屋敷跡やこれと東山手町の外国人居留地にかこまれたところであった。

### 浦上淵村・戸町村・下長崎村の合併

　1898（明治22）年、第1次市域拡張とよばれる合併がおこなわれた。このころ、浦上淵村では、長崎港の西岸の三菱造船所が大きくなり、ロシアとつながりのふかい稲佐がさかえていた。このため村は長崎市にくみこまれることになり、そのさい、農村だった寺野郷は浦上山里村にうつされ、また、浦上淵村の南はしにあった木鉢郷の一部、小瀬戸郷および旧・佐嘉領神ノ島の全部をあわせて小榊村がつくられた。

　また、浦上山里村では、長崎駅（いまの浦上駅）ができたり、県立長崎病院（のちの長崎医科大学附属医院）の建設計画がすすめられたりした関係で、いまの長崎大学病院や浜口町から南の平地部分が長崎市にくみこまれた。

　さらに、大村領だった戸町村のうち、外国人居留地にちかい大浦郷と浪ノ平郷、造船所や遊郭、検疫所などがあった下郷が長崎市にくみこ

【1-003】長崎市のひろがりかた　長崎港に面した、うすい色の部分は1904年よりもあとのうめたて地　数字は合併の年をあらわす

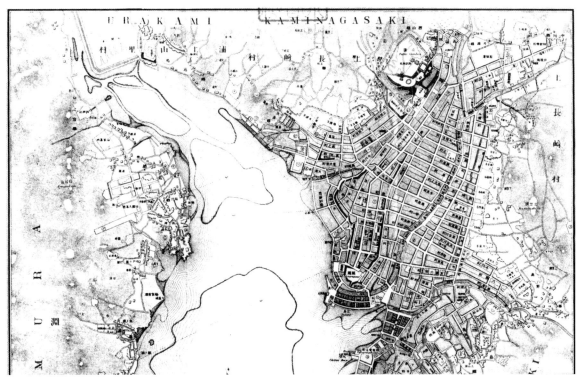

【1-004】長崎市及四近之図（1897年版）の一部　長崎市ができたときのひろがりがわかる地図で、まわりの村との境界線がしめされている。長崎県内務部第二課編纂

まれ、いまの上戸町にあたる上郷と新戸町にあたる蓑尾郷が小ヶ倉村にうつされた。

そのほか、上長崎村のお寺（1889年に長崎市になったところ）のうらにあった墓地と中川郷の平地、1889年以降のこっていた下長崎村があたらしく長崎市となった。

## 浦上山里村と上長崎村の合併

1920（大正9）年、浦上山里村と上長崎村が全部、長崎市にくみこまれた（第2次市域拡張）。

このころ、浦上山里村には長崎医学専門学校や茂里町の兵器製作所、製鋼所などができて、都市化がすすんでいた。また、上長崎村でも片淵郷に長崎高等商業学校（いまの長崎大学経済学部）、西山郷に県立長崎高等女学校、中川郷の山手（いまの鳴滝高等学校の場所）に県立長崎中学校ができて、住宅地もひろがっていた。

1898年の合併で浦上淵村から浦上山里村にうつされていた寺野郷も長崎市の一部になった。

## 西浦上村・土井首村・小ヶ倉村・小榊村の合併

日本政府と軍が中国にたいする侵略戦争に力をそそいでいた1938（昭和13）年、長崎市はさらにまわりの村を合併した（第3次市域拡張）。

西浦上村には長崎市立商業学校（いまの県立総合体育館・長崎市科学館の場所）や長崎県師範学校（いまの長崎大学附属小学校・附属中学校・附属幼稚園・西浦上中学校の場所）の新校舎ができていた。合併の翌年からはいまの長崎大学文教キャンパスに三菱兵器大橋工場がつくられた。

## 郷をひきついだ町

もと浦上淵村と浦上山里村本原郷は、いくつかの「丁目」にわけられたところはあるものの、郷の名まえがそのままのこった。たとえば、竹ノ久保郷が竹ノ久保町になり、本原郷が本原町一丁目〜三丁目になった。例外は立神郷がわかれた東立神町と西立神町、寺野郷がわかれた城山町一丁目・二丁目である。

第1章　原爆投下前の長崎

③海岸線と川・水路

# 銭座町の電車通りは川だった名残りがある

**いまの県庁・夢彩都・水辺の森公園は海だった**

　1945（昭和20）年ごろ、長崎港はいまよりもひろく、いまの県庁・夢彩都・長崎水辺の森公園のあたりはすべて海であった【1-005】。県庁から元船町をとおり、出島ワーフにむかう道路や水辺の森公園の東にある運河のあたりが海岸線になっていた。長崎港西岸では、現・丸尾町の国道202号線のあたりが砂浜になっていた。さらに現・飽の浦町の長崎造船所のなかでも、いまより海岸線が陸のほうにあった。

**銅座川の下流はうめたてられた**

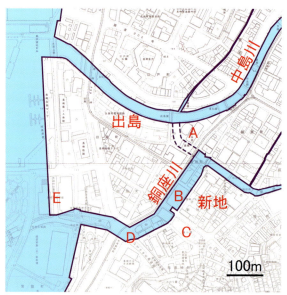

【1-006】銅座川のながれ　A：十八銀行本店　B：現・長崎バス新地ターミナル　C：湊公園　D：現・ながさき出島道路（出島バイパス）入口　E：現・長崎県美術館

　いま、銅座川は十八銀行本店（2020年10月から十八親和銀行本店となった）のそばで中島川に合流している。しかし、もとは十八銀行のまえから南西むきにながれ、いまの「ながさき出島道路」（出島バイパス）入口をとおり、長崎県美術館の南で海にでていた【1-006】。

　銅座川の下流部分は戦後の都市改造で1955（昭和30）年にうめたてられて、道路がひろげられ、市街地がつくられた。これがいまの新地

【1-005】1945（昭和20）年当時の海岸線と川　A：現・県庁　B：現・夢彩都　C：現・長崎水辺の森公園　D：現・丸尾町　E：現・飽の浦町　点線はいまの海岸線　川の名まえはおもに『長崎市制65年史前編』による

中華街停留所からメディカルセンター停留所にむかう電車どおりであり、長崎バス本社ビル（新地ターミナル）がたつ場所である。

## 御船川と丁字川

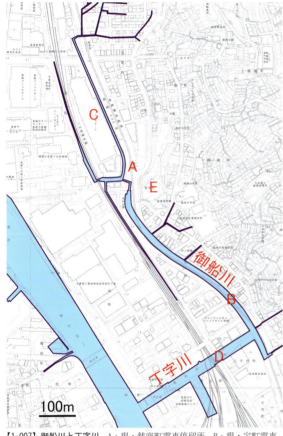

【1-007】御船川と丁字川　A：現・銭座町電車停留所　B：現・宝町電車停留所　C：現・みらい長崎ココウォーク　D：寿橋　E：聖徳寺

いまの銭座町停留所から宝町停留所にむかう国道206号線（宝町交差点より南は202号線）の場所には御船川があった【1-007】。これは人工の川で幅が10間（およそ18m）あったので「十間運河」ともよばれた。原爆がおとされたときには、すでに水がよごれて「どぶ川」だった。

御船川は戦後、ふたをされて、そのうえに国道と電車の線路がつくられた。川はいまも道路の下にあって、銭座町あたりからながれてくる雨水をうけいれている。

御船川の水はいまの宝町バス停の南で丁字川をとおって海にながれていた。この川の名まえは御船川とあわせた姿が「丁」の字にみえるからである。いまふうにいえば「T字川」といったところである。丁字川は戦後、幅がせまくなったものの、当時のふんいきがいまもよくのこっている【1-008】。

【1-008】丁字川（2013年5月21日）　寿橋から北東のほうをみたところ

いまの「みらい長崎ココウォーク」まえの歩道の場所には幅5mほどの水路が400mにわたってのびていた。これは、いまの浜口町から目覚町にかけてのひくい土地にたまった水をあつめて御船川にながすための水路であった。これは戦後も長くのこっていたものの、ココウォークができるまえの2000年ごろにうめたてられた。

## 浦上川の貯木池

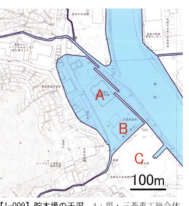

【1-009】貯木場の干潟　A：現・三菱重工総合体育館　B：現・テニスコート　C：現・三菱球場

いまの淵町にある三菱重工総合体育館やテニスコートのまわりは浦上川の干潟になっていて、三菱長崎造船所竹ノ久保製材工場の貯木池としてつかわれていた【1-009】。

干潟の岸はいまのバスどおりではなく、西がわのうらどおりであった。

第1章 原爆投下前の長崎

## ④路面電車と国有鉄道

# 立体交差になる前は桜町で峠越えして古町へ

**線路の場所がいまとちがっていた路面電車**

　長崎市内の路面電車＝長崎電気軌道は1915（大正4）年に築町〜病院下で開業したあと、あたらしい線路をつけたしながら、1921（大正10）年にいちおうの完成をみていた。

　その後、しばらくあいだをおいて、1933（昭和8）年に下ノ川〜大橋（よみかたに注意）が、その翌年には馬町〜蛍茶屋が開通して、原爆がおとされるまで、この形でおちついていた。

　線路がとおっていた場所は、正確にいうとほとんど全体にわたって、いまとはちがっていた。とくにめだつところは、下ノ川〜五島町と長崎駅前〜古町、それに千馬町〜出師橋である。これらの区間はいまとまったくちがう場所を走っていたので、いわれなければ想像もつかない。

　そのほかは、戦後、道路の幅がひろげられるときに、線路がとなりの車線にうつったぐらいである。

　1944（昭和19）年1月、軍需工場関係の乗客を優先する「急行運転」がはじまり、停留所の3分の1が廃止された。

**「病院前」はほんとうに病院のまえだった**

　原爆がおとされるまで浜口町（現・原爆資料館）から浦上駅前のあいだが大きく山手のほうに入りこんで、長崎医科大学附属医院のまえに「病院前」の停留所があった【1-011】。

　とおまわりのようなルートになっているのは、電車が旧市街地と病院をつなぐところから出発したからである。戦後はこの区間が国道206号線にうつって、いまの「大学病院」停留所は病院からとおくなってしまった。

　かつて浜口町と下ノ川のあいだは直線になっていて、戦後は1989年ごろまで電車の線路と国道がとなりあわせになっていた。また、浦上駅前〜井樋ノ口（現・銭座町）は、1956（昭和31）年

【1-010】原爆投下まえの路面電車の路線とおもな停留所

【1-011】下ノ川〜井樋ノ口の路面電車線路　（　）は1944（昭和19）年の急行運転により廃止された

ごろまで、いまのココウォークまえの歩道の場所に線路があり、水路（19ページ【1-007】Cのところ）のへりを電車が走っていた。

井樋ノ口よりも北では電車の線路が「専用軌道」になっていて、道路とはべつの場所を走っていた。いまは原爆資料館〜岩屋橋のあいだに専用軌道がのこっている。

## 国鉄の線路とならんでいた

井樋ノ口と長崎駅前のあいだは、電車と国鉄（現・九州旅客鉄道）の線路がならんで走っていた。電車の線路は井樋ノ口停留所から100mほどが専用軌道で、それより南は道路を走る「併用軌道」になっていた。ただし、いまのように道路のまん中ではなく、国鉄線路にちかいほうのへりを走っていた【1-012】。

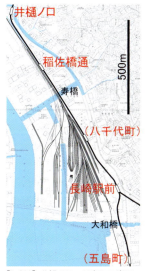

【1-012】井樋ノ口〜五島町の路面電車線路（ ）は1944（昭和19）年の急行運転により廃止された

この道路はいまもあって、丁字川（19ページ）にかかる寿橋の西には電車鉄橋の橋脚がのこっている（174ページ）。鉄橋の跡は長崎駅前と五島町のあいだの大和橋のそばにもあって、こちらは川岸にレンガづくりの橋台がのこっている（175ページ）。

## 電車が丘をこえていた

長崎駅前から蛍茶屋にむかう近道のルートも、いまとずいぶんちがっていた。長崎駅前から小川町（現・桜町）までは、いまの電車どおりよりも南がわをとおっていた。小川町

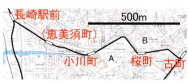

【1-013】長崎駅前〜古町の路面電車線路　A：市役所　B：勝山国民学校　（ ）は1944（昭和19）年の急行運転により廃止された

からは、いまの桜町公園まえの坂道をのぼり、市役所と勝山国民学校（現・桜町小学校）のあいだの峠をこえていた。峠には桜町停留所があり、そこから急坂をくだって古町にむかっていた【1-013】。

## 大浦行きは千馬町でのりかえ

いま、長崎駅前から大浦にむかうには新地中華街と市民会館でのりかえるようになっている。蛍茶屋のほうからは直通でいくことができる。

しかし、1961（昭和36）年までは千馬町というところでのりかえていた。ここから大浦石橋の終点までは線路が単線で、大浦停留所で電車どうしがすれちがっていた。出師橋（現・メディカルセンター）

【1-014】千馬町あたりの路面電車線路（ ）は1944（昭和19）年の急行運転により廃止された

までは、いまの線路よりもひとつ西がわにある道路をとおっていた【1-014】。

## 国鉄長崎本線

長崎本線は、もともと九州鉄道がつくったものである。これが軍部や財界のもとめにより1907（明治40）年に国有化された。1920（大正9）年に鉄道省ができて、そこが運営するようになり、さらに1943（昭和18）年、戦争をすすめやすくするため運輸通信省にまとめられた。

当時、長崎本線は単線で、現川をとおる線はなく、市内には浦上・長崎・長崎港という3つの駅があった。線路は高架ではなく、地面を走っていた。

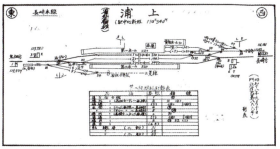

【1-015】1943（昭和18）年の浦上駅構内図　（鉄道省極秘資料）

第1章　原爆投下前の長崎

⑤道路

# いまの町並の骨格ができた「街道」の発展

**長崎の国道は「長崎街道」が発展した「25号」だけ**

　長崎市内の国道はいまの34号線にあたる「25号国道」だけであった。これは日見街道（ふつういわれる長崎街道）が発展したものである。

　もとの街道はけわしい坂道で人や馬しかとおれなかったので、馬車用のあたらしい道が1882

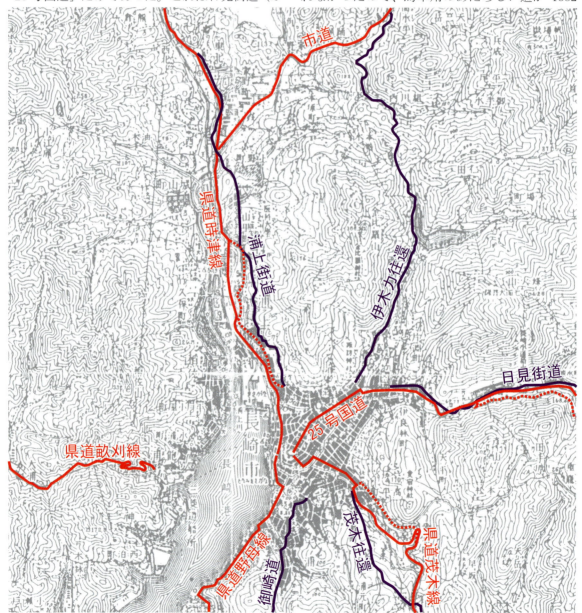

【1-016】**国道・県道と江戸時代の道**　点線は県道の旧道　国土地理院発行5万分の1地形図「長崎」1945年版（内務省地理調査所）に加筆

(明治15)年に切りひらかれ、これと県庁まえから馬町をとおって新大工町につながる道をあわせて1885(明治18)年に「4号国道」となった。これが1920(大正9)年に「25号国道」となり、さらに1926(大正15)年に日見トンネルをとおる道路ができた。

## 県道は浦上街道、茂木往還など4～5本

江戸時代の長崎に出入りする道には、日見街道以外に浦上街道(時津街道)・茂木往還・伊木力往還(西山街道)・御崎道などがあった。また、浦上淵村と福田村をむすぶ福田村路、浦上西村と福田村をむすぶ手熊道のようなものがあった。これらのおおくが県道となっていた。

浦上街道はあたらしい道にうつって県道時津線となり、戦後の国道206号線にうけつがれた。茂木街道もおなじように県道茂木線となり、いまの国道324号線に発展した。さらに御崎道は県道野母線から国道499号線、福田村路は県道畝刈線から国道202号線へとつながった。『長崎市制50年史』(1939年)によると市内の県道はこれらの4本である。しかし、『西彼杵郡村誌』(1885年)では伊木力往還も県道となっている。これをふくめると5本となる。どちらにしても、いまよりずいぶんすくなかった。

## 旧市街地は江戸時代の道がのこる

長崎駅よりも南の旧市街地では、江戸時代の道がほとんどそのままのかたちでのこっていた。それでも、いまの方才町のまわりや寺町の西がわにあった階段は馬車をとおすために坂道になった。また、電車を走らせるために、今魚町～出来大工町の横町や大黒町～恵美須町、小川町(電停名は「おがわまち」)、西浜町で道幅がひろがったり、材木町～今魚町、西浜町～銅座町、伊勢町であたらしい道がひらかれたりした。

## ほとんどの道路は1～2車線

原爆がおとされるまで、国道や県道をふくめて道路の幅はほとんどが1車線か2車線で、電車どおりも線路の部分をのぞくと同様であった。いちばんひろい道路はいまの出島電車停留所からメディカルセンター電車停留所にむかう長崎税関まえの道路で、歩道をふくめて幅18mほどであった。そのうち3分の1は歩道で、車道は3車線分しかなかった。そのほか、いまの岩屋橋交差点から昭和町交差点にむかう道路は幅15mほどで、これを18mぐらいにひろげる工事がところどころでおこなわれていた。

## 歩道はあまりなかった

当時は幹線道路をふくめて歩道と車道の区別がないところがおおかった。しかし、市役所のまえや県庁・大波止・出島のあたりには歩道のついた道路があった。また、目覚町から浜口町にかけての商店街の県道にも歩道があって、こちらでは街路樹がならんでいた。

## つくりかけの道路

大戦のさなかも道路づくりはつづいていた。いまの住吉交差点と昭和町交差点をつなぐ「昭和町通り」もそのひとつである【1-017】。下大橋から長崎商業学校にむかう道路でも幅をひろげる工事がおこなわれていた(56ページ【2-023】)。

【1-017】建設中の現・昭和町通り(1945年9月7日) 左はしは現・住吉交差点、右はしは現・昭和町交差点、写真ではどちらもまだつながっていない。上下にまがりくねっているほそい道は旧道 スティムソン・センター寄贈写真資料 page020 (撮影/アメリカ軍 寄贈/スティムソン・センター 作成/広島市立大学・橋本健佑 提供/広島平和記念資料館) をトリミング

第1章 原爆投下前の長崎

## ⑥学校

# 名前に軍国主義の影。唯一の大学は長崎医科大

### 1941（昭和16）年の勅令でできた国民学校

原爆関係の話をきいていると「国民学校」という名まえがよくでてくる。これはいまでいう小学校（一部は中学校）にあたる。

国民学校ができるまえ、小学校には6年間の「尋常小学校」とその後2年間の「高等小学校」のふたつがあった。両方があわさって「尋常高等小学校」になっているところもあった。

公立の小学校は、勅令＝天皇の命令によって、1941（昭和16）年4月から国民学校となった。これは、6年間の「初等科」と2年間の「高等科」でなりたっていた。私立の小学校は「国民学校の課程と同等以上」の学校とみとめられて、ようやく存在をゆるされた（このころ長崎市内に私立小学校はなかったようである）。

初等科を卒業すると、国民学校高等科のほか中学校・高等女学校・実業学校・青年学校などに進学先がわかれ、その時点で将来が運命づけられた。高等科はいまの中学校1・2年にあたり、これを卒業すると師範学校に進学することができた。

大戦末期、長崎市内の国民学校は西浦上(長崎大学附属小)・城山・山里・淵・銭座・西坂・伊良林・上長崎・勝山(桜町小)・磨屋(諏訪小)・新興・善(長崎市立図書館)・佐古(仁田佐古小)・仁田(廃)・小島・北大浦(廃)・南大浦(大浦小)・浪平(廃)・戸町・稲佐・朝日・飽浦・立神(廃)の各校であった。（ ）は廃校(西浦上は移転)になった跡にいま何があるかをしめす。（廃）はとくにめだつものがないことをあらわす。

これらは1947(昭和22)年4月に小学校となった。ただし、淵国民学校は高等科しかなかったので、淵中学校になった。

### 男子だけが入学できた中学校

中学校はいまの中学校と高等学校をあわせたようなもので、男子だけが入学できた。あとでのべる高等女学校・実業学校とともに、ほんとうは5年間であったものが、大戦末期には4年間にみじかくされていた。

中学校を卒業すると高等学校（いまの大学教養課程、長崎県になかった）、大学予科、高等師範学校、専門学校に進学することができた。

大戦末期、長崎市内の中学校は、県立が長崎(いまの長崎東・西高の前身・いまの鳴滝高の場所)・瓊浦(長崎東・西高の前身・長崎西高の場所)の2校、私立が長崎東陵(カトリック・長崎南山中高の前身・海星中高の場所)・海星(カトリック・海星中高の前身・おなじ場所)・鎮西学院(プロテスタント・鎮西学院高の前身・活水中高の場所)の3校であった。

1945（昭和20）年4月から、中学校や高等女学校・実業学校・青年学校の授業がなくなり、学校ごと軍需工場での生産や建物疎開（133ページ）の作業などに動員された。それでも、瓊浦中学校では原爆がおとされた日に英語の試験がおこなわれていた。

### 高等女学校（高女）

高等女学校は女子だけが入学できた。卒業すると高等女学校専攻科・高等科、師範学校女子部、女子高等師範学校、などに進学することができた。

大戦末期に長崎市内にあった高等女学校は、

公立が県立長崎高女【1-018】(長崎東・西高の前身・長崎東高西山旧校舎)・長崎市立高女(長崎東・西高の前身・桜馬場中の場所)の2校、私立が鶴鳴(かくめい)(長崎女子高の前身・おなじ場所)・瓊浦(瓊浦高の前身・桜馬場中の南がわ)・活水(プロテスタント・活水中高の前身・活水女子大の場所)・長崎純心(じゅんしん)(カトリック・純心中・女子高の前身・おなじ場所)・玉木(たまき)(長崎玉成高の前身・愛宕1丁目)の5校であった。

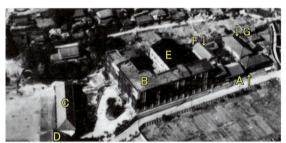

【1-018】県立長崎高等女学校 (1945年11月19日) 現・下西山町〜西山2丁目 A:2年校舎 B:3・4年校舎 C:1年校舎 D:雨天体操場 E:講堂 F:専攻科 G:寄宿舎 右下は長崎経済専門学校の畑 撮影/アメリカ軍 所蔵/アメリカ国立公文書館

## 実業学校

実業学校はいまの中学校と職業系の高等学校をあわせたようなものであった。進学先はかぎられていて、卒業するとほとんどの人が就職し、一部は専攻科に進学した。

長崎市内の実業学校は公立が県立長崎水産学校(鶴洋高の前身・いまの磯道町(いそみち)バス停の南)・県立長崎工業学校(長崎工業高の前身・長崎南山高の場所)・市立長崎商業学校(長崎商高の前身・県立総合体育館・長崎市科学館の場所)の3校、私立が長崎女子商業学校(長崎女子商高の前身、長崎腎病院の場所)の1校であった。

1947(昭和22)年、中学校・高等女学校・実業学校をまとめて、あたらしい高等学校のしくみがつくられた。

## 青年学校

青年学校は国民学校を卒業したあと、中学校・高等女学校・実業学校に進学せずに就職した青少年が入学していた。普通科(国民学校初等科卒業)が2年間、本科(国民学校高等科卒業)が男子5年間・女子3年間であった。長崎市内では浜口町(いまの商店街から南がわ)にあった三菱工業青年学校が有名である。公立では北青年学校(西浦上国民学校内)・西青年学校(朝日国民学校内)・東青年学校(上長崎国民学校内)・南青年学校(戸町国民学校内)があった。

## 長崎師範学校

長崎師範学校は長崎大学教育学部の前身である。これは官立(いまでいう国立)の教員養成学校で、予科2年間、本科3年間であった。卒業すると国民学校の教員になった。男子部がいまの長崎大学附属中学校・小学校・幼稚園・西浦上中学校の場所にあった。

## 専門学校は長崎高商

専門学校はいまの単科大学にあたる。長崎では、長崎大学経済学部の前身である官立長崎経済専門学校【1-019】がこれにあたる。この名まえになったのは1944(昭和19)年であり、そのまえの長崎高等商業学校(長崎高商)が名門として知られていた。年数は本科3年、研究科1年であった。

【1-019】長崎経済専門学校 (1945年11月19日) 入口にかかる拱橋(矢印)はいまも現役である(183ページ)。その奥にある大東亜経済研究所の建物(現・瓊林会館)は有形文化財となっている。 撮影/アメリカ軍 所蔵/アメリカ国立公文書館

長崎医科大学の医学専門部(大戦末期は3年半)と薬学専門部(3年間)も専門学校であった。

## 長崎医科大学

当時の大学は医学部が4年間(大戦末期は3年半)、そのほかが3年間で、いまの大学専門課程にあたる。長崎医科大学は官立で、県内ただひとつの大学であった。

025

第1章　原爆投下前の長崎

## ⑦都市計画

# 北部の工業地帯・南部の商業地域に大別できた

**商業地域と工業地域**

　大戦末期の長崎市は長崎駅のあたりから、いまの長崎大学文教キャンパスまで、工場がたちならんでいた。これは都市計画によって1929（昭和4）年にきめられた商業地域・工業地域がもとになっている【1-020】。これにより、もとの長崎区にあたる旧市街地のほか幹線道路ぞいが商業地域、もとの浦上淵村や浦上山里村が工業地域とされた。

**商店街**

　長崎でいちばん大きな商店街はむかしもいまも浜市通り（現・浜町、122〜123ページ）で、これにつぐのが万屋町から八幡町をつらぬく柳通り・中通り（111・123ページ）、思案橋につながる鍛冶屋町通りである（123ページ）。また、大戦末期に建物疎開（133ページ）によって消滅させられた築町（122ページ）には海産物店が、西古川町（111ページ）には金物店がおおかった。

　浦上のほうでは、県道（58・70・82ページ）の浦上駅前〜大橋のほか、山王神社二ノ鳥居（一本柱鳥居）下から現・原爆資料館電車停留所までの道路と山里町の浦上街道、爆心地まえの松山町交差点から浦上川にむかう道路（70・71ページ）が商店街となっていた。

**旅館街**

　市営桟橋があった元船町【1-021】や県庁にちかい大村町のあたり（110ページ）、浜市商店街にちかい万屋町（123ページ）にはたくさんの旅館があつまっていた。

**遊郭**

　戦後しばらくまでは売春が合法で、そのための特別な町が遊郭であった。長崎では丸山町と寄合町（123ページ）がとくに有名で、ほかに稲佐町二丁目（97ページ）・戸町一丁目・大浦

【1-020】都市計画による商業地域と工業地域　『長崎市制五十年史』の文章をもとにつくった図で、こまかいところは正確でない

出雲町にもあった。これらの遊郭が大戦中どうなっていたか、よくわからない。しかし、すくなくとも一部は三菱の寮としてつかわれ、強制動員された人たちがすまわされた。

## 海岸の倉庫

商業地域のなかでも長崎港に面した元船町【1-021】・羽衣町・常盤町（119ページ）には倉庫がたちならんでいた。これは船の荷物をつみおろしするのに便利だからである。

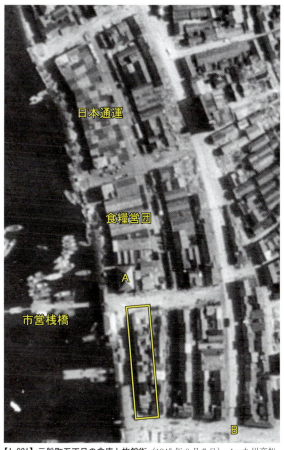

【1-021】元船町五丁目の倉庫と旅館街（1945年8月7日）　A：九州商船　B：現・大波止交差点　長方形の部分に旅館があつまっていた　撮影／アメリカ軍　所蔵／アメリカ国立公文書館　提供／長崎原爆資料館
1-243NP-1-006

## 三菱の大工場

工業地域には三菱の大工場がたちならんでいた。長崎港の西岸、水ノ浦町から南（115ページ）には長崎造船所があり、その北の平戸小屋町あたり（106ページ）には三菱電機があった。さらに浦上川西岸の竹ノ久保町には長崎造船所製材工場（94ページ）と長崎製鋼所第三工場（82ページ）があった。また、対岸の幸町〜梁瀬町に長崎造船所幸町工場（96ページ）があり、その北の茂里町には長崎兵器製作所茂里町工場（82・85ページ）、岩川町にかけて長崎製鋼所第一・第二・第四工場（82・85ページ）、その北に三菱電機鋳物工場（70ページ）があった。

そして、いまの長崎大学文教キャンパスを中心に、長崎兵器製作所大橋工場・長崎造船所第三機械工場・船型試験場があった（46〜47ページ）。

## 宝町あたりの鉄工所・製材所

いまの宝町から稲佐橋にむかう道路の南（95ページ）には中小の鉄工所・製材所がたくさんあつまっていた。また、丁字川にちかいところには石油会社もあった。

## 駒場町の工場群

いまの県営野球場から市営陸上競技場にあたる駒場町には、さまざまな種類の中小工場があった（58・70・73ページ）。これらの工場のおおくは三菱とかかわりがあり、「協力工場」とよばれていた。

## 格子状の町は城山と浦上に

浦上には、計画的につくられ、直角にまじわる道路で区切られた町がある。ひとつは城山町一丁目の市営住宅（56ページ）であり、もうひとつは浦上駅の東がわ（70・82ページ）である。

これらは戦後の復興でもいかされ、後者はまわりにひろげられた。いま、浦上の平地にある格子状の町はこのふたつだけである。

もとは駒場町の工場地帯でも南北方向の2本の道路と東西方向の10本あまりの道路によって規則正しい町がつくられていた。しかし、原爆で町が完全に消滅し、二度と復活することはなかった。

**浦上地区全体の空中写真**（1945年9月7日） スティムソン・センター寄贈写真
資料page020（撮影／アメリカ軍　寄贈／スティムソン・センター　作成／広島市立大学・橋本健佑　提供／広島平和記念資料館）　23・32・45・64・88・89ページに部分拡大写真

　この地図帳にでている地名や建物などの名まえは、わかるかぎり1945年8月上旬のものをつかうようにつとめた。そのなかには差別的で現在はつかわれない表現もある。しかし、ここでは時代背景を知るために、あえて、そのままつかった。また、会社名や商店の屋号はわかりやすくするため、一部で当時の通称をつかったり、業種名をつけくわえたりした。

　道路や建物などの位置はできるかぎり正確を期したが、それでもなお、数メートル程度のずれがあり、とくに戦後に区画整理された地域や山間部およびトンネルなど地下部分では誤差が大きくなっているおそれがある。また、大工場・長崎医科大学・同附属医院の敷地内では、町や字の境界線の位置が不確実である。それ以外にも誤りがあるかもしれない。これらのことに注意しながら地図をよみとってほしい。

# 第2章

## 地図帳・24区分の詳細

　大戦末期の長崎の全体像をながめたあとは、それぞれのまちがどうなっていたのか、どこに何があったのか、くわしくみていく。

　そのうちのあるものは原爆によってうしなわれ、あるものは原爆にたえながらも戦後の区画整理や再開発によってうしなわれ、あるものは年月のながれのなかでいきのこっている。

### 凡　例

|  |  |
|---|---|
| （下長崎村） | 旧村名 |
| （　小　島　郷　） | 旧郷名 |
| 西　小　島　町 | 町名・郷名 |
| 佐古 | 字名 |
| 高谷庄屋跡 | 歴史遺産・通称 |
| ・・・・・・ | 村界・旧村界 |
| ・・・・・・ | 旧郷界 |
| ------ | 町界・郷界 |
| ‥‥‥ | 字界 |
| ━━ 電停 ━━ | 鉄道 |
| ━━━━ | 道路 |
| ━━ダム・せき━━ | 川・水路・海・池 |
| | 水田 |
| | 畑 |
| | 森林・竹林 |
| | 敷地境界 |
| | 建物疎開 |
| | 耐火建築 |
| | 木造建築 |
| | 煙突 |
| ○ | 空襲爆裂孔 |

029

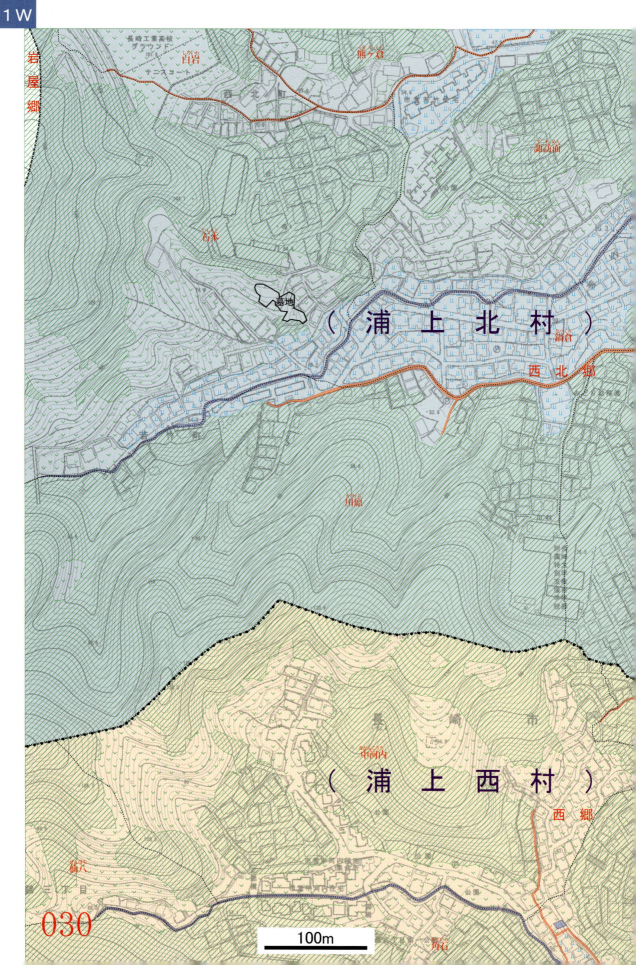

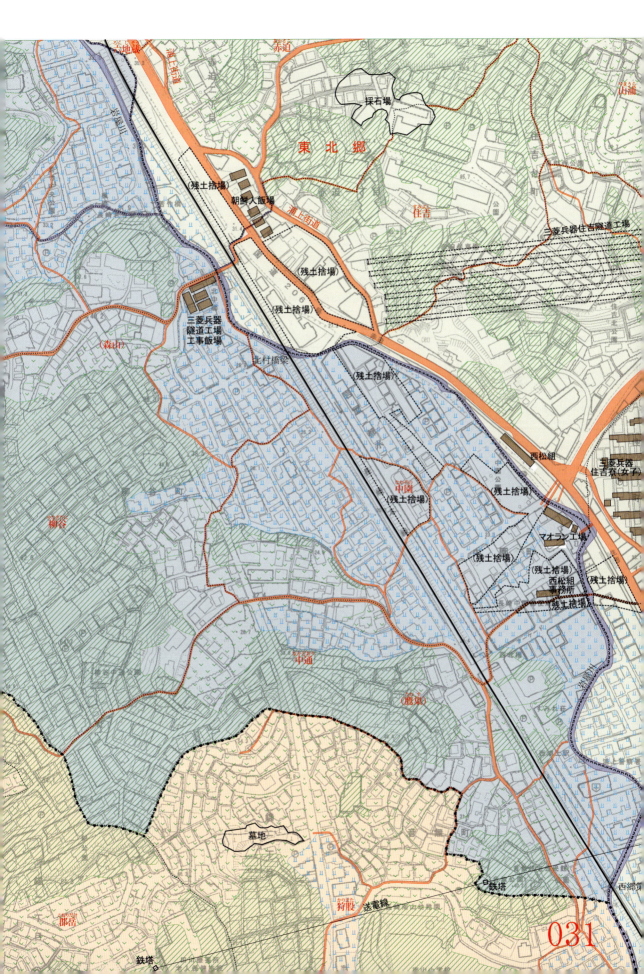

# 第2章 地図帳・24区分の詳細

## ①1W 西北郷付近

## 現・赤迫－柳谷町周辺に6本のトンネル工場

### 浦上北村の西北郷・東北郷、浦上西村の西郷

　もと浦上北村だった西北郷・東北郷、浦上西村だった西郷がとなりあっていたところである。ふたつの村は1872（明治5）年に浦上木場村・浦上家野村・滑石村と合併して西浦上村となったあと、1938（昭和13）年に長崎市にくみこまれた。西北郷と東北郷のあいだは岩屋川でへだてられ、西北郷と西郷は尾根でわけられていた。

　戦後、西北郷は西北町、東北郷は住吉町、西郷は西町と油木町になり（地図1Wには油木町はふくまれない）、さらに1965（昭和40）年以降の町名町界変更でこまかくわけられた。

### ほとんどが田園地帯

　いま、このあたりは、電車どおりのちかくが商店街になっているほかは、大部分が住宅地である。どちらも戦後にあたらしくつくられたもので、原爆投下まえは、平地や谷すじに田んぼがひろがり、斜面の一部が畑、のこりはほとんどが山林であった。そして、ところどころに農家の集落があった。さらに、平地を南北につらぬいて、県道（いまの国道206号線）と浦上街道、さらに長崎本線がとおっていた【2-001】。

### 岩屋川は県道そばをながれていた

　写真【2-001】の中ほどをくねくねとまがってながれているのが岩屋川で、長崎本線の東では、県道のそばをながれていた。いまの場所でいうと、国道206号線にかさなり、赤迫終点や住吉停留所のちかくでは電車の線路にたっしていた【2-002】。

【2-002】岩屋川のもとのながれ（2020年2月9日）　現・中園町　線路の奥、赤迫終点のあたりでは道路の左がわ車道をながれ、いちど線路のまんなかまできたあと、ふたたび左がわ車道をよこぎり、信号機のうしろをとおって左にぬけていた。色をつけたところがもとの川。

【2-001】三菱兵器住吉トンネル工場付近の空中写真（1945年9月7日）スティムソン・センター寄贈写真資料 page020（撮影／アメリカ軍　寄贈／スティムソン・センター　作成／広島市立大学・橋本健佑　提供／広島平和記念資料館）をトリミングして加筆

　戦後の区画整理で長崎本線ぞいに直線的な川がつくられ、もとの川はうめられた。しかし、1982（昭和57）年の「長崎水害」では、おなじように川がつくりかえられた下流のほうをふくめ、もとの川の場所にそって浸水被害が集中した。

## 三菱兵器トンネル工場

　このあたりでいちばん目につくのは三菱兵器住吉トンネル工場である。ここには大戦末期、長さ300mあまりのトンネルが6本ほられていた。その一部は完成し、三菱兵器製作所大橋工場（現在の長崎大学文教キャンパス）から機械がうつされ、24時間体制で魚雷がつくられていた。

【2-003】トンネルの西口（2020年2月9日）　現・赤迫町　右の家のうしろにもトンネルの穴がみえる。

　いまもトンネルはのこっていて、西がわの入口のうち、いちばん南のものが路面電車の赤迫終点のすぐ東にあり、住民の車庫としてつかわれている。また、そこから北にむかってトンネルの穴がならんでいて、道路（浦上街道）から姿がみえる【2-003】。

## トンネルの残土捨場

　トンネルをほるときにでた岩くず（残土）は西がわの田んぼに捨られていた。これは空中写真【2-001】からも、はっきりとよみとることができる。

　白くみえるところが残土で、まわりのくろっぽいところは田んぼである。写真で岩屋川左下の平地は当時、西北郷中園とよばれていた。そのうち長崎本線の右上部分がいまの中園町になっている。戦後、住宅地の造成工事で残土が移動しているかもしれない。しかし、このあたりの地面の下にはトンネルからほりだされた岩くずが現在も人知れずねむっているはずである。

## 西松組の事務所と朝鮮人飯場

　いまのサンモール中園商店街のあたりには西松組（現・西松建設）の現場事務所があった。西松組の建物はいまの中園公園まえの国道の場所にもあった。

　この会社はトンネル工事をうけおって、たくさんの朝鮮人をはたらかせていた。その人たちを宿泊させ監視するための飯場がトンネルのまわりにいくつもつくられていた。

　そのうちトンネルの西がわでは、いまの赤迫終点から時津にむかって200mほどすすんだあたりに6棟ほどの飯場があった。

## マオラン工場

　いまの住吉電車停留所と中園公園のあいだには「マオラン工場」というものがあった。マオランとは植物の名まえである。ロープの材料として、せんいをとるために西日本を中心に栽培されていたようである。

　マオランのせんいはあまり質のよいものではなく、1934年ごろの農林省は「商品価値は絶無に近く、ロープ材料としての使用価値も全く無」として栽培をやめさせようとしていた。しかし、大戦末期、もの不足がひどくなり、質を問題にしている余裕などなくなっていたのであろう。

## いまにいきる字名

　このあたりの字の名まえのうち、西北郷の中園・柳谷と東北郷の赤迫・住吉が、いまの町名となっている。また、西北郷の中通が「柳谷中通公園」、西郷の狩股が「市営狩股住宅」、おなじく中河内が「市営中河内住宅」につかわれている。

　浦上の北部では、戦後復興の区画整理事業によって、農地・山林で大がかりな宅地造成がすすめられ、たくさんの新町名がつけられた。

第2章 地図帳・24区分の詳細

② 1M　東北郷－家野郷西部

# 現・住吉町周辺には兵器工場関連施設が

### 東北郷・家野郷・家野町

　もと浦上北村だった東北郷、浦上家野村だった家野郷（これらは1872年＝明治5年に西浦上村になった）、浦上山里村家野郷だった家野町がとなりあっていたところである。浦上山里村は1920（大正9）年に長崎市にくみこまれ、1923（大正12）年、家野郷は家野町になった。大戦末期、家野町（旧・浦上山里村）と家野郷（旧・浦上家野村）の境界線は学校のなかをとおっていた。東北郷と家野郷、東北郷と家野町のあいだは、どちらも尾根であった。

　戦後、家野郷（旧・浦上家野村）は昭和町になり、1964（昭和39）年以降の町名町界変更で、住吉町・家野町とともに、こまかくわけられた。

【2-004】東北郷付近の空中写真（原爆投下後1945年9月5日以前）　撮影／アメリカ軍　所蔵／アメリカ国立公文書館　提供／長崎原爆資料館　6-45-05-00-0017

### 浦上川・浦上水源池・山浦堤

　この地域はほとんどが丘になっていて、畑や山林になっていた。東部には浦上川、西部には岩屋川がながれていた。これらのまわりは平地で、田んぼや学校があった。浦上川はいまとおなじ場所にあった。その上流には1945（昭和20）年にできたばかりの浦上水源池があった。

　いまの泉町公園の北西の谷には山浦堤という直径100mほどのため池があった【2-004】。この池は戦後うめたてられ、その土地には1959（昭和34）年から1996年まで長崎外国語短期大学があった。いまはマンションがたっている。

### トンネル工場東口と朝鮮人飯場

　山浦池の南には三菱兵器トンネル工場の東口があった。戦後は建設資材をつくる会社の敷地となり、トンネルの穴はながいあいだ放置されていた。そのうちふたつが原爆関係の遺跡として2010年から公開されている。トンネル東口のまえや山浦池のまわりには朝鮮人飯場があった。写真【2-004】で池の右や左下にみえる白っぽいところが飯場のやけ跡とみられる。

### 三菱兵器住吉寮

　いまの住吉電車停留所から住吉神社にむかう

【2-005】三菱兵器住吉寮の跡（2010年5月14日）　中央の線にかこまれたところ　国土地理院空中写真CKU20103-C21-33に加筆

アーケードの北がわには三菱兵器住吉寮があった。各地から動員された女子がここにすまわされ、三菱兵器大橋工場やトンネル工場にかよっていた。

住吉寮があったところは、南北方向の5本の道路と東西方向の1本の道路によって、こまかく区切られ、空中写真【2-005】でも痕跡をはっきりとよみとることができる。

### 西浦上出張所

いまの住吉中央公園の場所には長崎市役所西浦上出張所【2-006】があった。これは、もともと西浦上村役場だった。戦後、西浦上支所になり、1969(昭和44)年、西浦上合同庁舎ができて、北消防署と北公民館が入った。そして2001年、西浦上支所と公民館がチトセピアに、消防署が大橋町にうつり、跡地が公園になった。

【2-006】原爆で大破した西浦上出張所（1945年8月10日）　現・住吉町
西からみたところである。南（右）がわのかべがなくなり、建物全体が北（左）にかたむいている。　撮影/山端庸介

### 長崎師範学校・西浦上国民学校

いまの西浦上中学校・附属幼稚園・附属小学校・附属中学校にまたがるところには長崎師範学校男子部があった。附属小学校の運動場の場所には西浦上国民学校があった。師範学校は戦後、大村市にうつって長崎大学学芸学部となり、1953(昭和28)年にいまの文教キャンパスにうつって1966(昭和41)年に教育学部となった。いまの附属小学校の場所には1951(昭和26)年から1969(昭和44)年まで長崎大学薬学部があった。

### 送電線

【2-007】送電線があった痕跡（2020年2月9日）現・千歳町緑地

師範学校のなかを東西方向に高圧送電線がとおっていた。これは浦上川の東からつながっていたもので、いまのチトセピアのまんなかをつきぬけて、長崎本線の西にのびていた。戦後、家野町や住吉町のあたりが住宅地になったとき、送電線の下は宅地にならず、空地としてとりのこされた。その後、送電線がとりのぞかれたものの、跡地に住宅がたつことはなく、「若葉町遊園」「千歳町緑地」【2-007】や「千歳町公園」、さらには附属小学校運動場の東にある公園などのかたちで、目にみえる痕跡がのこっている。

### 桜山陣地

いまの千歳町公園の50mほど南東には海軍の通称「桜山陣地」があった。これは海軍管理下にあった三菱兵器大橋工場をまもるためにつくられていた陣地で、機関銃がすえられていた。

### 阿蘇墓地

桜山陣地の南西は墓地になっていた。これはいまもある地元の共同墓地で、字の名まえから「阿蘇墓地」とよばれている。

ここは浦上山里村の一部だった関係で、カトリックの墓がおおい。このような墓地が旧・浦上山里村にはいくつもある。

1E

小菅
箕道
導水トンネル
女の都一丁目
本河内川
女の都住宅
戸刈子
軍米倉庫
薬品混和池 沈殿池
濾過池
変電所
污水タンク
浄水場
大ケ工場
水源池建設
鍛冶工場
家野郷巡査派出所
稲荷神社
梅野組寮
山田酒店
長崎警防団
十三分団消防車庫
水源池建設用倉庫
軍気球陣地
石山組
朝鮮人飯場
家野郷
渕洞
天井手
（浦上家野村）
水道籠置場
朝鮮人飯場
米原組事務所
松根油製造工場
櫛山
大手丁目
朝鮮人長屋
最崎市
送電線
038
三菱兵器
半地下工場
第一工場
（第三工場建設中）
飯場
二郷橋
朝鮮人飯場

100m

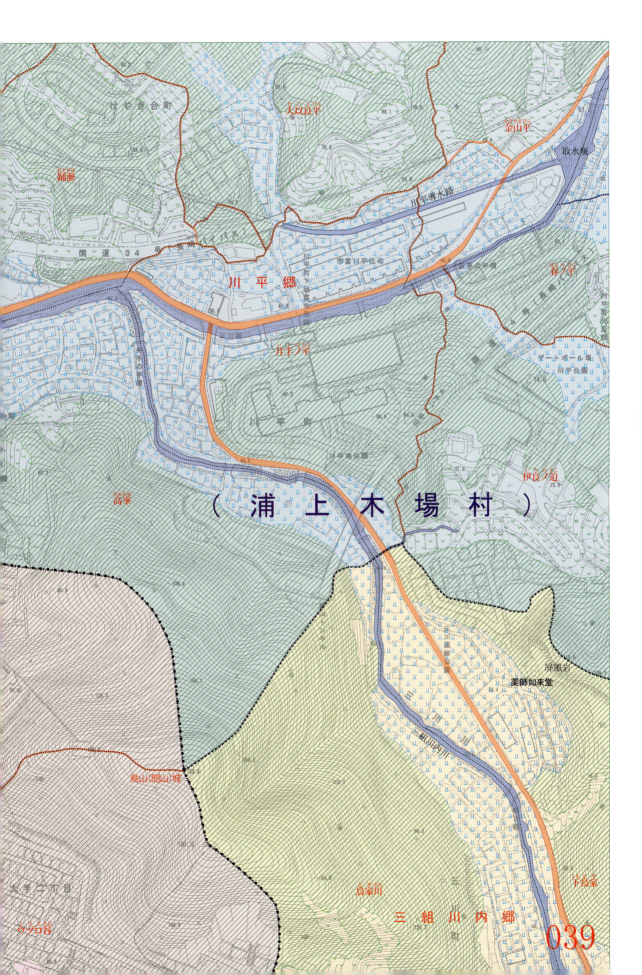

# ③1E　家野郷東部－川平郷

# 現・西浦上小学校周辺から川平町にかけて

### 家野郷・川平郷・三組川内郷

　もと浦上家野村だった家野郷、浦上木場村だった川平郷・三組川内郷がとなりあっていたところである。これらは1872（明治5）年に西浦上村になったあと、1920（大正9）年に長崎市にくみこまれた。戦後、川平郷は川平町、三組川内郷は三川町となり、家野郷は昭和町になったあと、1964（昭和39）年以降の町名町界変更で、こまかくわけられた。

### ほとんどが農村地帯

　浦上川やその支流である三組川内川（現・三川川）と女ノ都川がながれていた。川の場所はいまとほとんどおなじだった。これらのまわりに田んぼがあり、そのほかは畑と山林になっていた【2-008】。

【2-008】家野郷～川平郷（1948年1月13日）　アメリカ軍撮影空中写真　USA-R216-46に加筆

### 浦上水源池と川平導水路

　浦上水源地は、三菱兵器をはじめとする軍需工場や人口がふえた浦上地区に水をおくることを目的として、1941（昭和16）年に着工され、1945（昭和20）年にほとんどが完成した。これによって水没した土地は平地で田んぼがひろがっていた。滑石からながれてきた川がそこをとおって、水源池の下流にあたる、いまの西浦上小学校まえで浦上川本流に合流していた。

【2-009】川平導水路（2020年2月11日）　現・川平町　このさきはトンネルになっている。

　浦上川本流の水を水源池にいれるため、合流点の1.4kmほど上流で川をせきとめ、そこから水路（大部分がトンネル）で浦上水源池にながしこんでいる。これは川平導水路とよばれ、いまも現役でつかわれている【2-009】。

　浦上水源池をつくる工事でもおおくの朝鮮人が動員され、そのための飯場や寮があった。

### 大井手の堰は水害でとりのぞかれた

　いまの西浦上小学校西がわの浦上川にふたつの堰があり、ここから水をひいて、附属小学校のほうにながしていた。

　むかしは堰や水路のことを「井手」とよんでいたので、このあたりの西岸から昭和町交差点

や附属小学校まえにかけての字名を「大井手」という。これはバス停の名まえになっている。

　堰は戦後もながくのこっていたものの、1982（昭和57）年の長崎水害で川があふれたため、その後とりのぞかれた。

### 鳥山城跡―室町時代の山城跡

【2-010】鳥山（間山）城跡（2020年2月9日）　西浦上中学校付近からみたところ、中央の山に城があった。

　いまの西浦上小学校の600〜700m東南東にある山（たかさ192m、丸善団地のうしろにあって、山頂にテレビ中継局がたっている山）には「鳥山（間山）城」（別名「十面城」）という室町時代の山城があった【2-010】。地形がけわしく開発がおよびにくいため、ふたつある山頂とそのあいだの尾根にたくさんの遺構がのこっている。

　山のまわりには、家野郷の「間山」、三組川内郷の「鳥家川」「下鳥家」「上鳥家」という、城跡に関係ありそうな名まえの字がある。

### 気球陣地

　いまの西浦上小学校には「気球陣地」があった。これは1970〜1974（昭和45〜49）年に長崎市がまとめた『被災地復元図』にしるされているだけで、くわしいことはわからない。福岡県の小倉市には「防空気球隊」や「要地気球隊」というものがあって、高射砲部隊と連携していたそうなので、長崎でもそのようなものだったのであろう。

### 松根油製造工場

　いまの昭和町交差点の100mほど北東に松根油製造工場があった。松根油はマツのきりかぶを熱してつくるあぶらで、戦争中に不足していたガソリンのかわりに、飛行機の燃料にするためにつくられた。どんな物質かというと、油絵で絵具をうすめたり、筆をあらったりするのにつかうテレピン（ターペンタイン）とほとんどおなじである。

　農村ではマツのきりかぶをほりだしてあつめるために人々が動員された。

　松根油は、つくるのに手間がかかるわりに、とれる量がすくないうえ、そのままではつかえず、何工程かの加工がさらに必要だったため、実用で利用されることはほとんどなかったようである。

### 川平郷には「平」のつく地名がおおい

　川平郷の地名には「平」がついているものがおおい。郷名からしてそうであるし、地図1Eのなかにも「古田平」「大以良平」「金山平」「春ノ平」というものがある。川平郷に34ほどある字のうち、過半数の18ほどの字に「平」がついている。このような場所はすくなくとも浦上やその周辺ではここだけである（字の数や名まえは資料によってちがいがある）。

　よみかたは「たいら」ではなく、すべて「ひら」「びら」である。これはアイヌ語で「がけ」を意味するピラが語源で、日本各地で傾斜地の地名としてつかわれている。「平」はただの当て字にすぎないのに、たまたま正反対の意味をもっているので、誤解のもとになっている。

　じっさい、川平郷は浦上川にそって谷がのび、両がわには急斜面の山がせまっている。

　長崎では「高野平」に代表されるように「平」のつく地名がおおい。たいていが斜面地か山地の地名なので注意を要する。

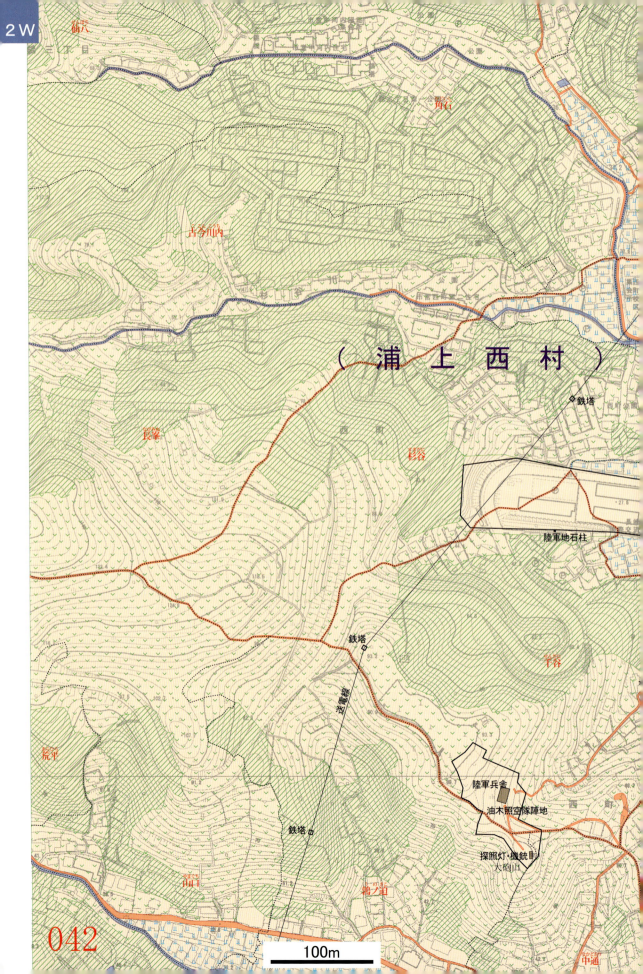

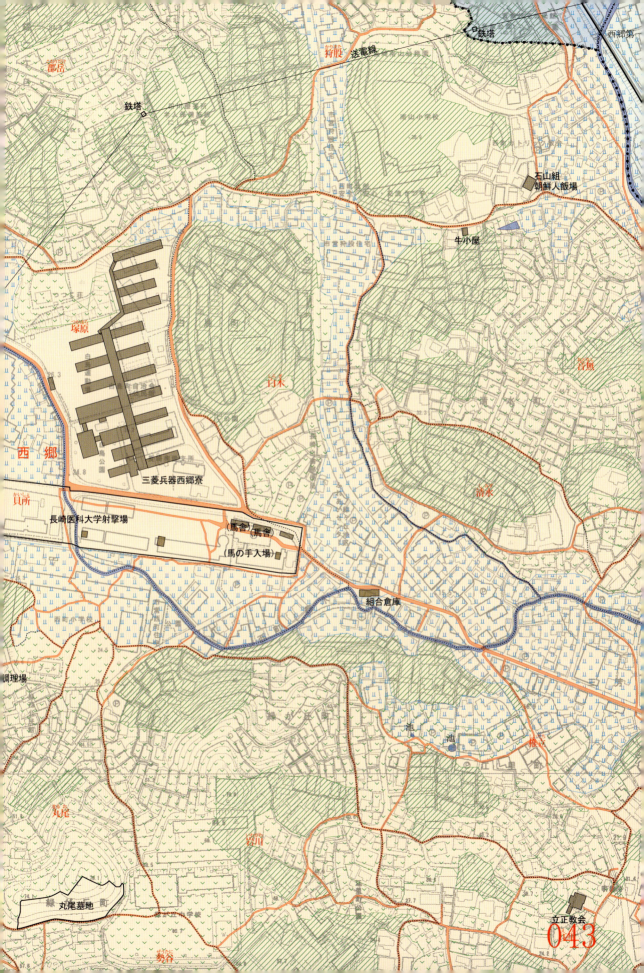

第2章　地図帳・24区分の詳細

## ④2W　浦上西村・西郷

# 現・西町付近には長崎医科大射撃場があった

### ほとんどが農村

　もと浦上西村の西郷の中央部は戦後、大部分が西町、南西がわの一部が油木町になり、1964（昭和39）年以降の町名町界変更で、こまかくわけられた。

　ほとんどが農村で、いまの三芳町から白鳥町のあたりが平地になっていて田んぼがあったほかは、小さな丘があつまり、畑や山林になっていて、ところどころに集落があった。

### 長崎医科大学射撃場

　いまの西町小学校の北、白鳥町から西町にかけて直線的にのびる道路の南がわには長崎医科大学の射撃場があった。これはもともと陸軍射撃場だったところで、1926（大正15）年に長崎医科大射撃場となった。

【2-012】長崎医科大学射撃場と三菱兵器西郷寮の跡（2010年5月14日）
国土地理院空中写真 CKU20103-C22-35 に加筆

　終戦で射撃場は廃止され、その跡地には学芸学部（のちに教育学部）寮など長崎大学関係の建物ができた。いまは大学国際交流会館と職員住宅があり、一部の土地は民有地になっている。それでも、空中写真【2-012】をみると射撃場

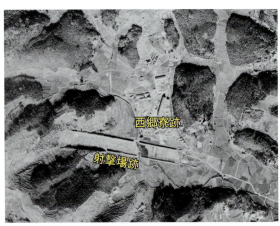

【2-011】長崎医科大学射撃場跡と三菱兵器西郷寮跡（1948年1月13日）
アメリカ軍撮影空中写真 USA-R216-45 に加筆

　射撃場は長さ500m、幅50mほどで、まんなかを川がよこぎっていた。長崎市内でこれだけ大きな射撃場はほかになかったので、ここで市内の中学校などの生徒も実弾演習をしていた。

【2-013】「陸軍地」の石柱（2020年2月9日）　現・西町　右のしげみのうらに射撃場があった。

の跡がはっきりわかる。

　射撃場跡の西をとおる道路から跡地の南のへりにそって50mほど入ったところに「陸軍地」の石柱がある。そばには長さ100mにわたる東

西方向の土手がある。これらは射撃場があったことをいまにつたえる歴史の証人である。

### 三菱兵器西郷寮

射撃場の北には三菱兵器西郷(にしごう)寮があった。これに、鹿児島の第七高等学校（現・鹿児島大学）や伊万里商業学校（現・伊万里商業高等学校）など、各地から動員された生徒がすまわされていた。寮は木造の建物が20棟ちかくあり、わたり廊下(ろうか)でつながっていた。空中写真でも【2-014】、そのようすがよくわかる。

【2-014】三菱兵器西郷寮（1945年8月7日）　わたり廊下が背骨のように中央をつらぬいている。　日本地図センター編『空中写真に遺された昭和の日本　戦災から復興へ　西日本編』より

戦後、西郷寮の跡は刑務所になった。いまは一部が長崎拘置支所となっているほかは、ほとんどが公園や運動場になっている【2-012】。

### 油木照空隊陣地

射撃場の南西にある尾根には陸軍の油木照空陣地があった。これは夜にとんでくる敵の飛行機を高射砲でうちおとすために、強力なサーチライトをおいていた陣地である。高射砲は金比羅山などにおかれていた。

油木照空隊陣地には1棟の兵舎があり、20人ぐらいの兵がいた。ここと長崎医科大学射撃場との中間点には調理場があった。サーチライトや兵舎があった場所はそのまま放置され、いまも痕跡が現地にのこっている【2-015】。

【2-015】油木照空隊陣地の跡（2022年12月30日）　被爆まえの空中写真では、手前が出入口になっていて、中央のくぼみ（7m×3mぐらい）に照空灯（巨大なサーチライト）がおかれ、移動式の屋根がついていたようにみえる。

### 立正教会

いまの江里町には立正教会というものがあった。これはキリスト教会ではなく、浦上で数すくないお寺のひとつだった。歴史はわりとあたらしく1926（昭和元）年につくられた。その後、何度も名まえをかえながら、原爆で全焼してもなお、おなじ場所にとどまり、いまは明練寺となっている。

### 字名が新町名になった

旧・西郷では1965（昭和40）年の町名町界変更で新町名として、いくつかの字の名まえがつかわれている。

音無(おとなし)・清水(しみず)・江里(えり)はそのまま、いまの町名になった。また、白木は、木を鳥にかえて白鳥(しらとり)町になった。当時、矢ノ平町のなかにある白木(しらぎ)という地名（字名ではない）のほうが市民になじみがあり、こちらを優先したためである。さらに西善寺(さいぜんじ)(地図3M)は三善(さんぜん)→三善(みよし)→三芳町(みよしまち)と冗談のような名まえにかわっている。

ところで、字音無はほとんどが清水町にふくまれていて音無町とのかさなりはわずかである。字清水はすっぽりと清水町に入っている。また、字白木は7割ほどが白鳥町に、字江里は8割が江里町になっている。さらに字西善寺は半分が三芳町にふくまれている。

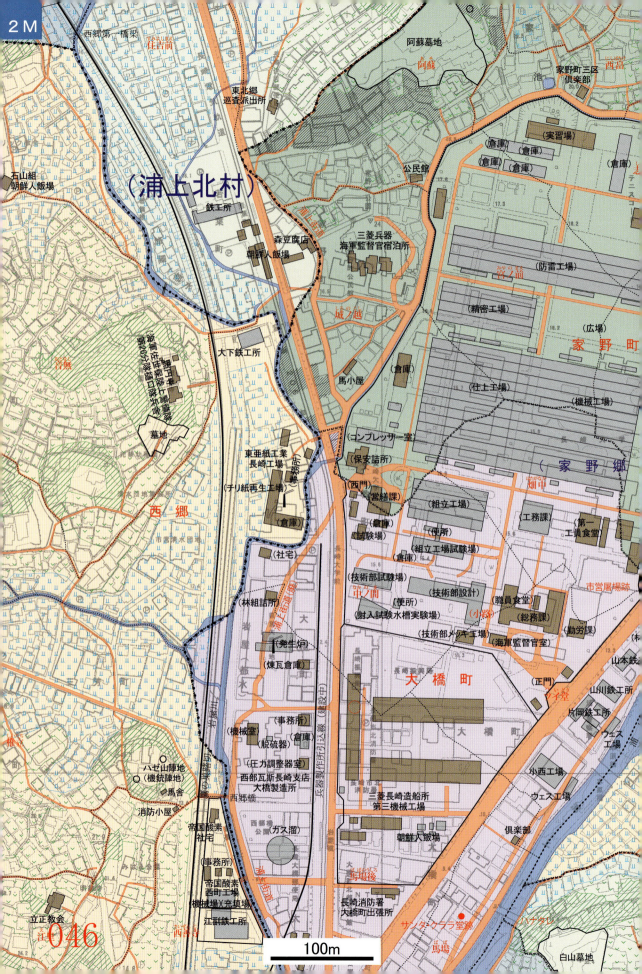

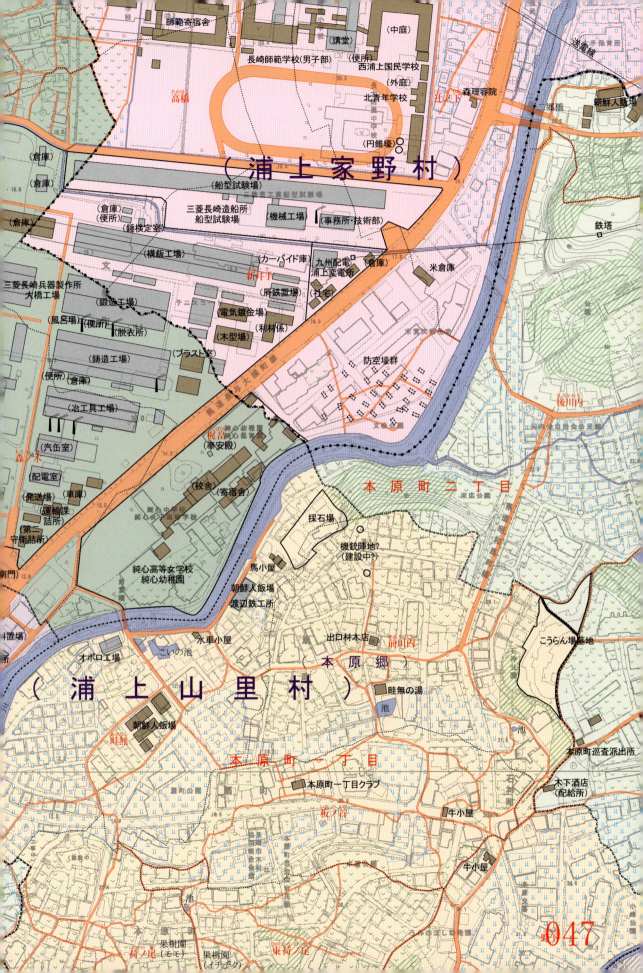

第2章 地図帳・24区分の詳細

⑤ 2M　大橋町・家野町付近

# 現・長崎大学文教キャンパスは兵器工場

## 4つの村の接点

　このあたりは、もと浦上北村の東北郷、浦上西村の西郷、浦上家野村の家野郷（これらは1872年＝明治5年に西浦上村になった）と浦上山里村家野郷だった家野町・大橋町および同村本原郷だった本原町一丁目・二丁目がとなりあうところである。これらは1964（昭和39）年以降の町名町界変更で、こまかくわけられた。

## 三菱兵器大橋工場

　いまの長崎大学文教キャンパスは三菱重工業長崎兵器製作所大橋工場であった【2-016】。これは海軍の管理下にあって魚雷をつくる工場で、ハワイのパールハーバー（真珠湾）攻撃でつかわれた魚雷がここでつくられた。

【2-016】三菱長崎兵器製作所大橋工場とそのまわり（1945年8月7日）
撮影／アメリカ軍　所蔵／アメリカ国立公文書館　提供／長崎原爆資料館　1　243NP-1-008

　いまの教育学部の場所には工場本館（総務課・職員食堂）・技術部・海軍監督官室があった。環境科学部から水産学部にまたがるところには機械工場があった。工学部の場所には仕上工場と精密工場があり、多文化社会学部からグラウンドの西半分にかけては防雷工場があった。防雷とは、魚雷の攻撃からまもるために船のまわりにひろげる金網＝防雷網のことであろう。グラウンド東半分には鋳造工場があった。薬学部のところには冶工具工場・気缶室・配電室があった。附属図書館のあたりには組立工場があった。

　グラウンドの北には構鈑工場があった。その東には屑鉄置場があった。これは金属類回収令（武器の材料にするため、お寺の鐘や家庭のなべ・かまなどをほぼ強制的にさしださせた命令）であつめた金属をおいていた場所にちがいない。このあたりはいまも三菱の土地としてのこり、「昭和寮」がたっている。

## 三菱造船所船型試験場

　兵器工場の北東には三菱重工業長崎造船所船型試験場があった。これはその名のとおり、船のかたちをきめるために模型実験をするところで、長さが300mもあって、よくめだつ。写真【2-016】の右上すみの白い建物がそうである。

　船型試験場は原爆の爆風で大破しものの、修復され、いまも現役でつかわれている。そして、北（写真では上）にかたむいたままである。

## 九州配電浦上変電所

　兵器工場と船型試験場のあいだ、東の道路に面したところに九州配電浦上変電所があった【2-017】。これは兵器工場に送電するためにつくられた。

　戦後廃止され、いまは三菱重工昭和寮の一部になっている。

【2-017】九州配電浦上変電所（原爆投下後）　現・文教町　左うしろの山は金比羅山　アメリカ軍戦略爆撃調査団文書より　所蔵／アメリカ国立公文書館

## 西部瓦斯大橋製造所

いまの長崎大学前電車停留所から南、電車どおりの西がわには西部瓦斯長崎支店大橋製造所があった【2-018】。これは兵器工場にガスをおくるためにつくられた工場である。できたばかりで、ガスはまだつくられておらず、八千代町の工場でつくったものをタンクにためていた。

タンクはいまの西郷橋公園の南東かどにあった。

## 兵器工場への鉄道引込線

西部瓦斯大橋製造所の東（いまの国道206号線西がわの歩道）、さらに長崎電気軌道浦上車庫のあたりまで、鉄道の線路があり、レールがしかれていた。【2-018】これは一見すると長崎電気軌道の線路をのばしているようである。じっさいには兵器工場の引込線で、原爆がおとされたときは、まだ工事中であった。

未完成のまま戦後とりのぞかれ、痕跡は何ものこっていない。

【2-018】建設中の引込線（1945年8月7日）　撮影／アメリカ軍所蔵／アメリカ国立公文書館　提供／長崎原爆資料館　1 243NP-1-008・1 243NP-1-010

## 長崎純心高等女学校

兵器工場の東には長崎純心高等女学校があった。これははじめ西中町天主堂の敷地につくられ、1937（昭和12）年、家野町にうつってきた。校舎が木造だったので、原爆で全焼し、戦後は大村市の仮校舎にうつったあと、新制中学・高等学校となった。1949（昭和24）年にもとの場所にもどり、いまにつづいている。

## 照円寺と樋口隊・ハゼ山陣地

長崎大学正門の200m西北西にある照円寺は17世紀につくられた歴史のあるお寺である。原爆で全焼しながら、いまもおなじ場所にある。

ここは大戦末期、海軍佐世保陸上警備隊第26分隊（樋口隊）の兵舎になっていた。これは兵器工場をまもるための機銃隊で、工場を三方からとりかこむ桜山陣地（家野町、37ページ）・楠木山陣地（上野町、61ページ）・ハゼ山陣地（西郷）にわかれて任務についていた。

ハゼ山陣地は照円寺の350mほど南の丘の上にあった【2-019】。

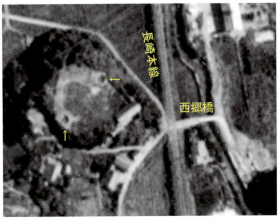
【2-019】ハゼ山陣地（1945年8月7日）　現・西町　矢印のまるいところに機関銃がすえられていた。撮影／アメリカ軍　所蔵／アメリカ国立公文書館　提供／長崎原爆資料館　1 243NP-1-008

## こうらん場墓地

いまの聖フランシスコ病院から100mほど西北西には「こうらん場墓地」がある。

カトリックの墓がおおく、たくさんの十字架がみられる。

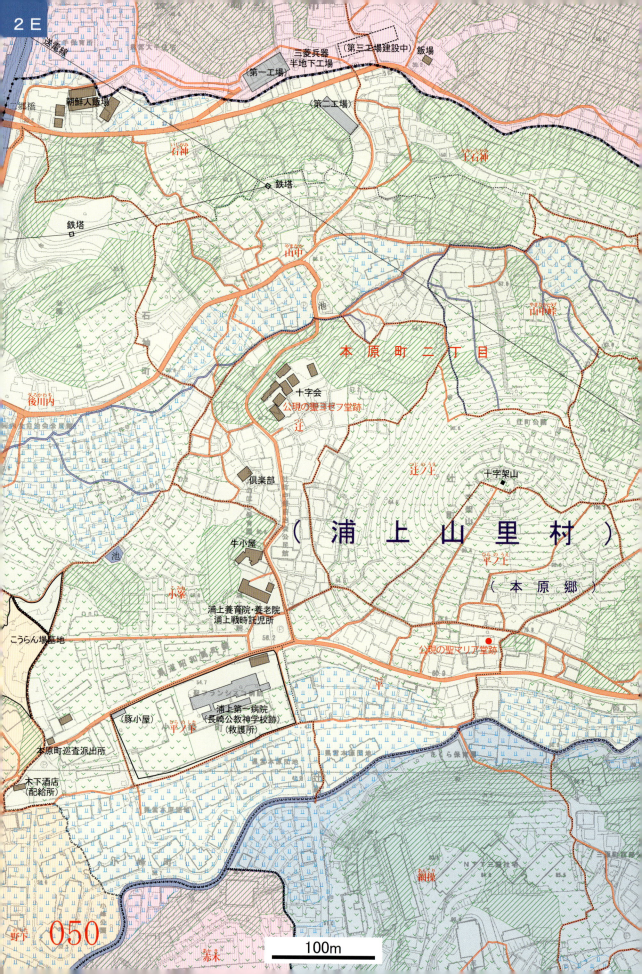

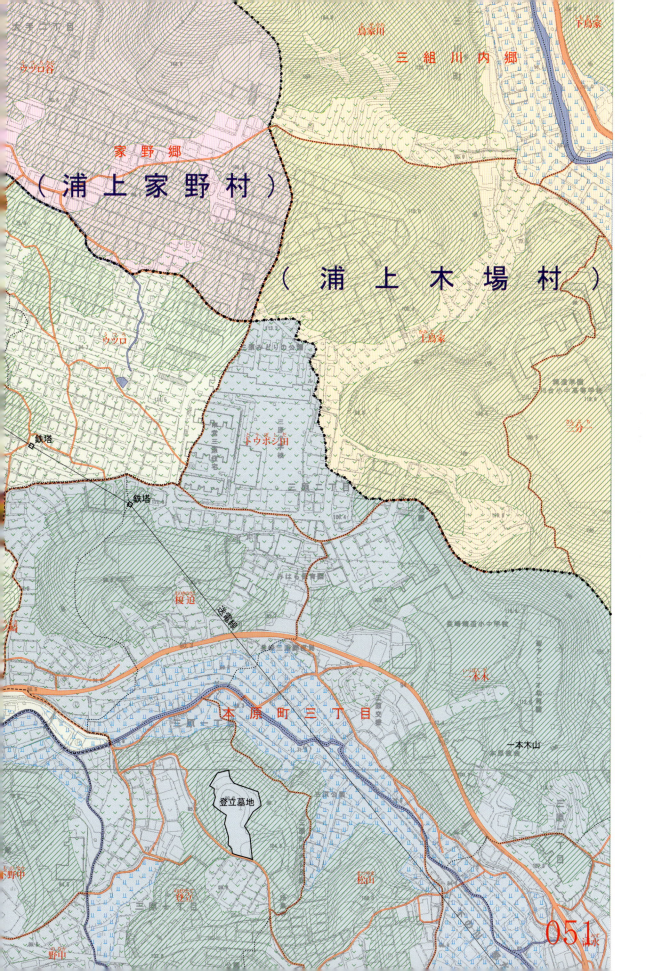

## ⑥2E　本原町付近

# 現・石神町－三原1・2丁目に宗教史の跡が

### カトリックの村

浦上山里村本原郷だった本原町二丁目・三丁目（いまの石神町・小峰町・辻町・三原1・2丁目あたり）は旧山里村のなかでも、とくにカトリック関係の建物や聖地がおおかった。これらは原爆の被害をのりこえて、いまにうけつがれ、ほかではみられない風景をつくっている。

### 浦上第一病院は神学校だった

本原でいちばんめだっていたのは浦上第一病院である。これは1925（大正14）年にたてられた長崎公教神学校がもとになっている。これは、のちにフランシスコ会が運営する聖フランシスコ神学校となった。しかし、戦争がはじまり、軍によって建物をうばわれる危険がでてきたので、これをふせぐため、結核療養所「浦上第一病院」【2-020】になった。

【2-020】浦上第一病院（1945年8月7日）　現・小峰町　聖フランシスコ病院　撮影／アメリカ軍　所蔵／アメリカ国立公文書館　提供／長崎原爆資料館　1 243NP-1-008

病院は原爆で壊滅したものの建物はのこり、ここで秋月辰一郎らによって、けがをした人たちの治療がおこなわれた。この活動が発展して1949（昭和24）年に聖フランシスコ病院ができた。

### 浦上養育院と十字会

浦上第一病院の北には浦上養育院があった。これは1874（明治7年）に岩永マキらによってひらかれた孤児院で、戦後ほかの場所にうつったあと、いまはもとの場所にもどっている。となりにはおなじ系列の「うみのほし保育園」がある。

岩永らは孤児院の200mほど北で共同生活をおこない、1877（明治10）年に「十字会」をつくった。戦後、各地の共同体と合流して、1975（昭和50）年に教皇庁の認可をうけ、いまの「お告げのマリア修道会」となった。いま、修道会本部は小江原にあって、もとの場所は「十字修道院」となっている。

### 秘密教会跡には「浦上四番崩れ」の歴史が

十字修道院の敷地には江戸時代末の秘密教会「公現の聖ヨゼフ堂」があった。これは、1865（慶応元）年の「信徒発見」のあと、大浦天主堂の神父とつながった浦上の信者がつくったものである。本原ではほかに「公現の聖マリア堂」が浦上第一病院の250m東北東にあった。

これらをふくめ4つあった秘密教会は1867（慶応3）年、幕府の役人にふみこまれた。これが「浦上四番崩れ」のはじまりとなり、明治政府による、前代未聞の大弾圧につながった。

### 十字架山は「ゴルゴダの丘」を思わせる場所

明治政府は、国家神道をめざす立場から浦上

山里村（馬込郷をのぞく）の3000人をこえる全村民を流刑にした。村人はキリスト教を捨てるようにせまられ、行き先によっては、ひどい環境におかれ、はげしい拷問をうけた。

明治政府は西洋の国々からきびしく非難されたため、外交が不利になることをおそれて、1873（明治6）年、しかたなくキリスト教禁止をやめた。村人は浦上にかえされたものの、それまでに600人をこえる人が死んでいた。

こうして村人がもどった浦上はあれはてて、家やたべものにも不自由した。翌年には赤痢・天然痘や台風がおいうちをかけた。それでも村人は信仰をまもりとおせたことにたいする感謝と罪つぐないのため、1881（明治14）年、ゴルゴダの丘（キリストが処刑された丘）を思わせる場所に十字架をたてた。

でつくられた。工場は第一から第三まであり、第三工場は未完成であった。

いまそれらの場所は住宅街のなかにあり、工場の建物はのこっていない。しかし、第二工場と第三工場の跡はまとまった敷地になっていて、むかしを想像することができる【2-022】。

【2-022】三菱兵器半地下工場・第二工場跡（2020年2月11日）　現・石神町　いまは駐車場になっている。

半地下工場建設でも朝鮮人が動員され、まわりには飯場がつくられていた。

### いまにいきる旧町名・字名

本原町一丁目〜三丁目は1964（昭和39）年の町名町界変更で、こまかくわけられて、小さな「本原町」がのこっただけである。しかし、「本原1丁目」バス停の名まえとして、いまも健在である。

本原町三丁目は町名町界変更でほとんどが「三原町」になった。さらに、ほかの町との境界がかわったあと、2002年に「三原1丁目」〜「三原3丁目」にわけられた。

字石神・小峯・辻はそのまま新町名につかわれた。小峯は字をかえて「小峰町」になった（これらの字の範囲とあたらしい町の範囲は一致しない）。また、字一本木はそのまま、平ノ下は「平の下」、登立は「登立口」というバス停名になっている。さらに登立と角ノ崎が「三原町登立」「三原角之崎東部」「三原角之崎西部」「三原角之崎南部」の自治会名になっている。

【2-021】十字架山遠景（2020年2月11日）　現・辻町　十字架は山頂にある。ふもとに十字修道院と浦上養育院、うみのほし保育園がある。江戸時代のおわりには「公現の聖ヨゼフ堂」・「公現の聖マリア堂」があった。

これが十字架山【2-021】である。いまはまわりに住宅がたてこんで、山頂は小さな公園のようになっている。しかし、ここはバチカンの公式巡礼地となっている。

### 三菱兵器半地下工場

十字架山の北、いまの丸善団地の入口の谷には三菱兵器の半地下工場があった。これは住吉トンネル工場とおなじように、大橋工場が空襲にあうことを予想して、機械を分散させる目的

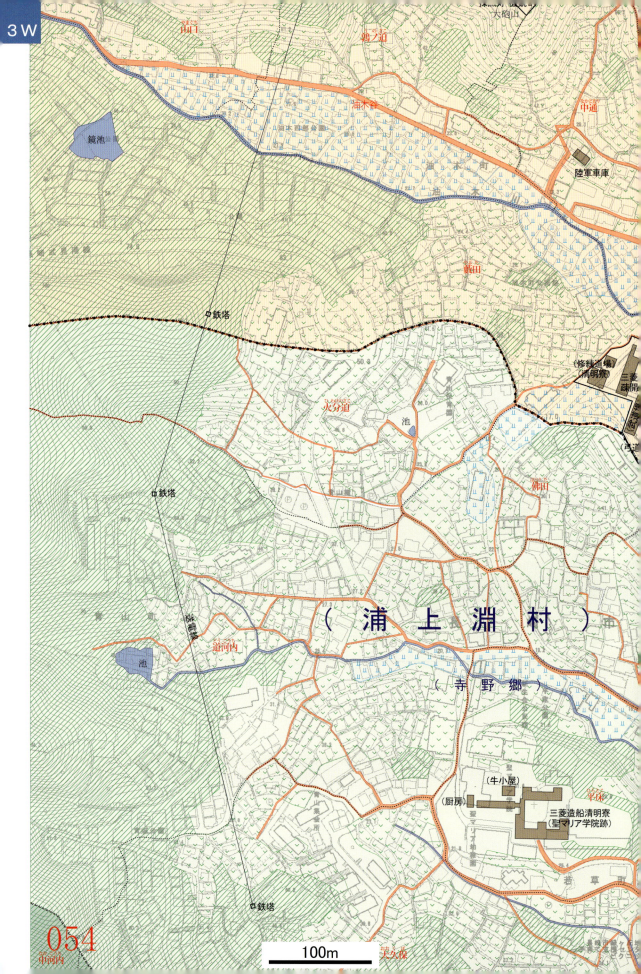

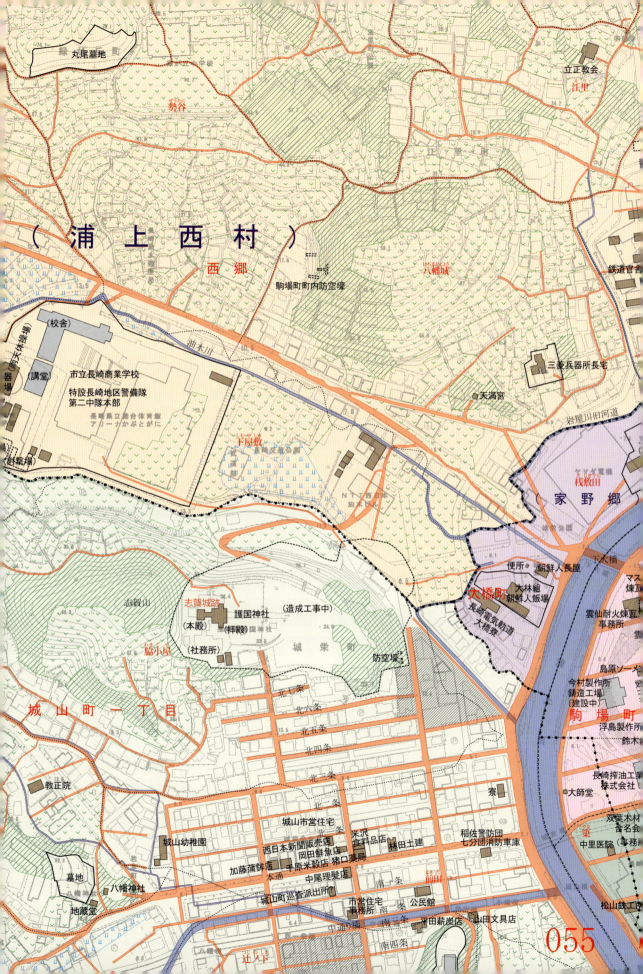

第2章 地図帳・24区分の詳細

## ⑦3W　西郷南部・城山町一丁目

# 現・油木町－城栄町付近は学校の変遷激しく

### 浦上西村と浦上淵村

　もと浦上西村だった西郷と浦上淵村寺野郷だった城山町一丁目が接するところである。1898（明治31）年、浦上淵村のうち、竹ノ久保郷から西泊郷までの全部と木鉢郷の一部が長崎市にくみこまれ、木鉢郷ののこりと小瀬戸郷、神ノ島があたらしく小榊村となって、寺野郷は浦上山里村にくみこまれた。さらに1920（大正9）年、浦上山里村が長崎市にくみこまれ、寺野郷も長崎市の一部となったあと、1923（大正12）年、城山町一丁目・二丁目にわかれた。

　西郷は戦後、西町と油木町にわかれたあと、1964（昭和39）年以降の町名町界変更でこまかくわけられた。城山町一丁目は1966（昭和41）年の町名町界変更でこまかくわけられた。

### 城山市営住宅は規則的な区画整理が

【2-023】城山市営住宅とそのまわり（1945年8月7日）　矢印は岩屋川・油木川の旧河道　撮影／アメリカ軍　所蔵／アメリカ国立公文書館　提供／長崎原爆資料館　1 243NP-1-009・1 243NP-1-010

　城山町一丁目、いまの城栄町商店街のまわりは、たて・よこの道路で規則的に区切られた市営住宅であった【2-023】。いま商店街になっているところが「本通り」で、そこから北にむかって「北一条」から「北七条」まで、南にむかって「南一条」から「南五条」まであった。戦後の区画整理によって道路の規則性はくずれた。しかし、南北方向の道路はそのままのこっている。

### 志賀氏居城跡と護国神社

【2-024】志賀氏居城跡（2020年2月9日）　現・城栄町　中央の平べったい丘

　護国神社の丘には江戸時代の庄屋、志賀氏の居城があった。遺構はこわされて、いまはわからない。城山町の名まえは、この城がもとになっている。ここに1942（昭和17）年、軍国主義とつよくむすびついた佐古招魂社が西小島町からうつってきて「長崎県護国神社」となり、1944（昭和19）年に建物が完成した。原爆で全滅したあと、おなじ場所にいまの社殿ができた【2-024】。

### 岩屋川と油木川

　西北郷と東北郷のあいだをながれてきた岩屋川は、もともと、いまの長崎電気軌道浦上車庫

のあたりから南西にむきをかえ、城栄町にさしかかるところで油木川と合流したあと、城栄公園の南で浦上川に合流していた。この川すじが浦上山里村と浦上西村の境界になっていた。

1901（明治34）年までに岩屋川は岩屋橋のところで浦上川に合流させられ、油木川の下流部分は直線化されていた。もとの川はまがりくねった水路としてのこっていた【2-023】。

## 湿地のうめたて

護国神社をつくるとき、山の上が爆破されて、岩くずは北東の斜面に捨てられた【2-023】。これはもとの岩屋川・油木川や、そのまわりの湿地（もとの田んぼ）をうめたてるのにつかわれたと考えられる。

もとの岩屋川や油木川のまわりは田んぼであった。しかし、大戦末期にはうめたてがすすみ、長崎電気軌道などの寮・官舎・朝鮮人飯場がつくられていた。

## 市立長崎商業学校

いま長崎県立総合体育館や長崎市科学館があるところには、長崎市立長崎商業学校（現・長崎市立長崎商業高等学校）があった。これは1885（明治18）年にいまの長崎家庭裁判所の場所にできた。それから中川町にうつったあと、1933（昭和8）年に西郷の油木にうつってきた。

大戦末期、学校は三菱兵器の疎開工場（空襲をさけるための分散工場）となっていた。また、陸軍の特設長崎地区警備隊第二中隊本部がおかれ、本土決戦にそなえていた。

鉄筋コンクリートの建物は原爆で大破したものの、修復され、1986（昭和61）年までつかわれた。この年、学校が泉町（〜長与町高田郷）にうつり、油木校舎はとりこわされた。

## 三菱造船清明寮

いまのカトリック城山教会と聖マリア学院がある丘には、マリア会・浦上聖マリア学院とい

【2-025】浦上聖マリア学院　現・若草町　提供／聖マリア学院小学校

うカトリックの志願院・使徒学校があった。これが1941（昭和16）年、太平洋戦争がはじまると同時に外国人抑留所となったあと、1943（昭和18）年から三菱造船所清明寮としてつかわれた（抑留所は本河内町の聖母の騎士神学校にうつった）。

清明寮は原爆で全焼し、その跡に1953（昭和28）年、聖アウグスチノ長崎修道院ができたあと、1955（昭和30）年に聖マリア学院幼稚園が、その翌年に小学校ができた。

## 駒場町町内防空壕

いまの県立総合体育館の200m北東の斜面に駒場町の町内防空壕があった。この町はいまの松山町、市営陸上競技場から県営野球場にかけてあった。町全体が平地で、よこ穴をほる場所がなく、油木に町内防空壕をつくった。

防空壕はいまものこっているものの、やぶにおおわれてわかりにくくなっている。

【2-026】駒場町町内防空壕跡（2018年4月27日）　現・江里町　奥のがけ下に防空壕の穴がのこっている。

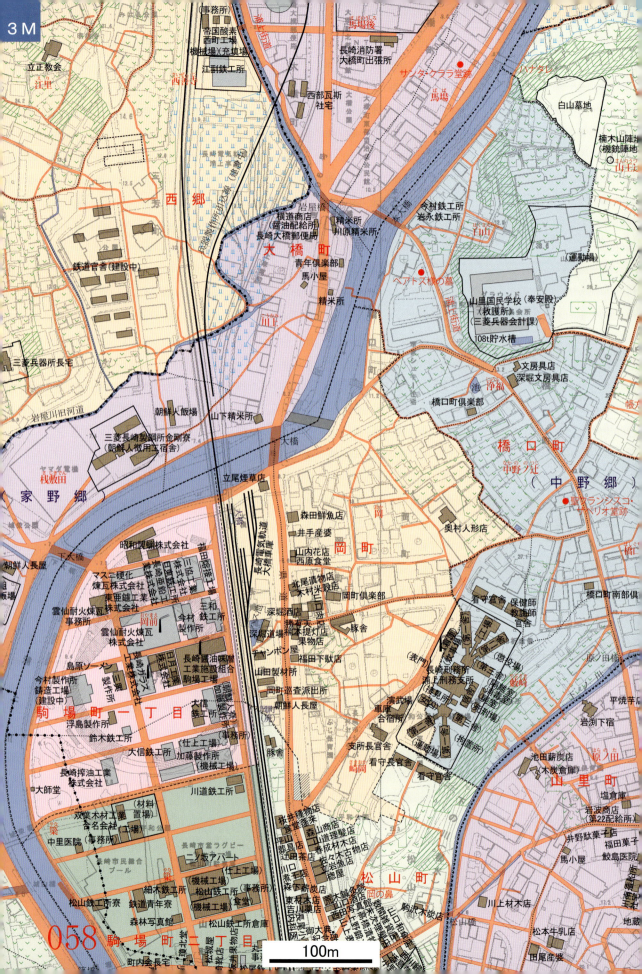

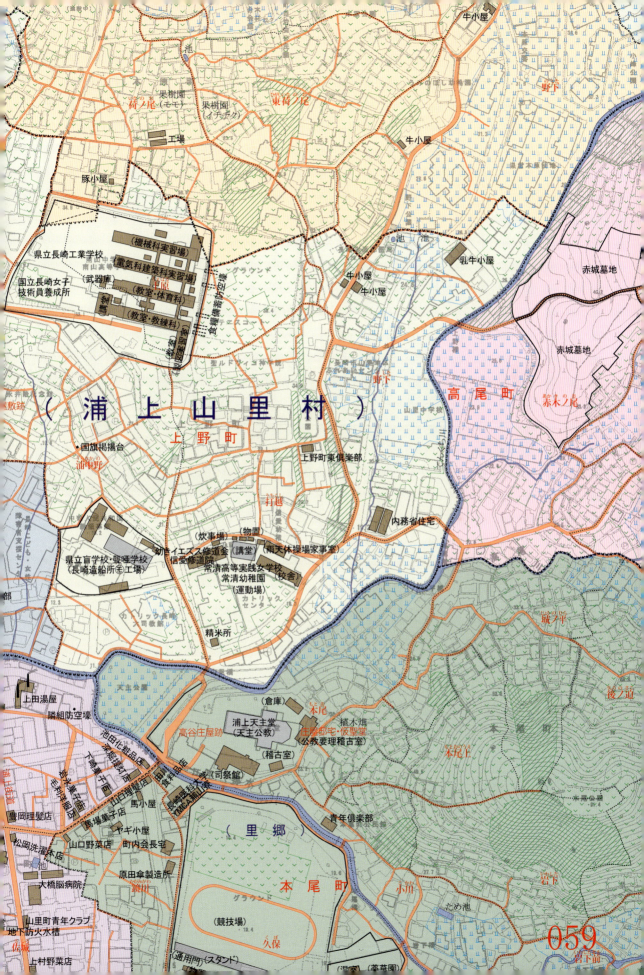

# ⑧ 3M　駒場町－上野町

# 現・山里小周辺から浦上天主堂までの変遷

## 浦上山里村中野郷と里郷などの町名変更

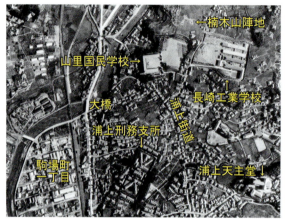

【2-027】駒場町一丁目～上野町（1945年8月7日）　撮影／アメリカ軍　所蔵／アメリカ国立公文書館　提供／長崎原爆資料館　1 243NP-1-010

　もと浦上山里村の中野郷は高尾町・橋口町・岡町・松山町・駒場町一・二丁目となり、里郷は山里町・本尾町に、本原郷は本原町一丁目に、家野郷は大橋町となった。山里小学校付近では、かつて、これらの郷が接していた。

　1920（大正9）年、浦上山里村が長崎市にくみこまれ、1923（大正12）年、郷が廃止されて町ができた。ただし、駒場町一・二丁目は1943（昭和18）年に松山町からわかれてできた。

　これらの町は1964（昭和39）年以降の町名町界変更で、山里町と駒場町がきえて、境界線が大きくかわり、平和町ができた。

## 浦上天主堂と高谷庄屋

　浦上天主堂は江戸時代の庄屋である高谷氏の屋敷跡にある。浦上山里村は幕府の領地で、高谷氏が村をあずかっていた。

　浦上四番崩れがおわって数年後、高谷屋敷が売りにだされたので、信者たちはここを手に入れ、自分たちの手でレンガづくりの聖堂をたてた。30年がかりで1925（大正14）年に完成させたものの、原爆で全壊・全焼した。【2-028】。

【2-028】原爆投下まえの浦上天主堂（モノクロ写真に色をぬったもの）2階側面は板かべだった。

　1959（昭和34）年、おなじ場所に鉄筋コンクリートづくりの聖堂ができた。さらに1980（昭和55）年、大改築がおこなわれ、灰色だった天主堂はいまの色になった。

## 長崎刑務所浦上刑務支所

　いま平和祈念像がある場所は長崎刑務所浦上刑務支所であった【2-027】。これは1927（昭和2）年につくられたもので、公園の北半分にあたるところが刑務所になっていた。そのまわりには支所長や看守の官舎があった。

## 山里国民学校

　山里小学校は1882（明治15）年につくられ、1887（明治20）年にいまの場所にうつった。ここは浦上皇大神宮の跡地である。これは1869（明治2）年に沢宣嘉長崎裁判所総督（いまの長崎県知事）が浦上に神道をひろめるためにつくった

ものである。

　しかし、弾圧に耐えぬいた信者たちがこれをうけいれるはずもなかった。浦上皇大神宮はすたれて、1884（明治17）年、山王神社にうつり、これを合併した。

【2-029】山里国民学校（原爆投下まえ）　東からみたところ　日の丸の左下に奉安殿がみえる。これは天皇・皇后の肖像写真「御真影」と教育勅語をおさめたところで、火事のときは何よりも優先してまもるべきものであった。　山里小学校公式サイトより

　山里小学校は1932（昭和7）年に鉄筋コンクリートの新校舎【2-029】となり、1941（昭和16）年、山里国民学校となった。大戦末期には学校のなかに三菱兵器の疎開事務所があった。

　校舎は原爆で大破（教室はほとんど全焼）しながらも、修復されて戦後もつかわれ、1988（昭和63）年にとりこわされた。

### 県立長崎工業学校

【2-030】県立長崎工業学校の正門（原爆投下まえ）　現・長崎南山学園正門付近　西からみたところ　左手まえの建物は講堂　ブログ『大東亜戦争ダークツーリズム〜星になった彼等を想い声なき声を伝えたい』より

　県立長崎工業学校（現・長崎工業高等学校）は1937（昭和12）年、丸尾町で開校し、1940（昭和15）年、いまの長崎南山学園の場所にうつってきた。原爆により全焼したため、大村市の仮校舎にうつったあと、1950（昭和25）年にいまの長崎大学工学部・水産学部の北がわにうつった。さらに1971（昭和46）年、いまの岩屋町校舎にうつった。

### 県立盲学校・聾唖学校

　いまの長崎カトリック神学院と中国総領事館の場所には県立盲学校・聾唖学校があった。これらは1898（明治31）年にできた興善町の私立・長崎盲唖院が発展したもので、名まえや場所が何回もかわったあと、1929（昭和4）年に県立盲学校と県立聾唖学校になった。そして、1934（昭和9）年、上野町にうつってきた。

　大戦末期に三菱長崎造船所の疎開工場としてつかわれ、㊙工場とよばれた。このとき盲学校は長与村に、聾唖学校は南高来郡加津佐町に疎開した。戦後、両校はあいついで大村市にうつった。盲学校は1949（昭和24）年に上野町にもどったあと、1975（昭和50）年に時津町にうつった。

### 常清高等実践女学校

　盲学校・聾唖学校の東にはカトリックの常清高等実践女学校・幼稚園があった。これらは1890（明治23）年にこの地で開校した三成女子小学校がもとになっている。女学校は原爆で全焼したあと、いちど再開されたものの、1949（昭和24）年、廃校となり、そのあとに長崎信愛幼稚園ができて、1971（昭和46）年にカトリックセンターができた。

### 白山墓地と楠木山陣地

　山里小学校の100m北には「白山墓地」という共同墓地がある。ここもカトリックの墓がおおいことで知られている。

　墓地の東には海軍の楠木山陣地があった。これは、家野町の桜山陣地（37ページ）、西郷のハゼ山陣地（49ページ）とともに、三菱兵器大橋工場をまもるためにおかれていた【2-027】。

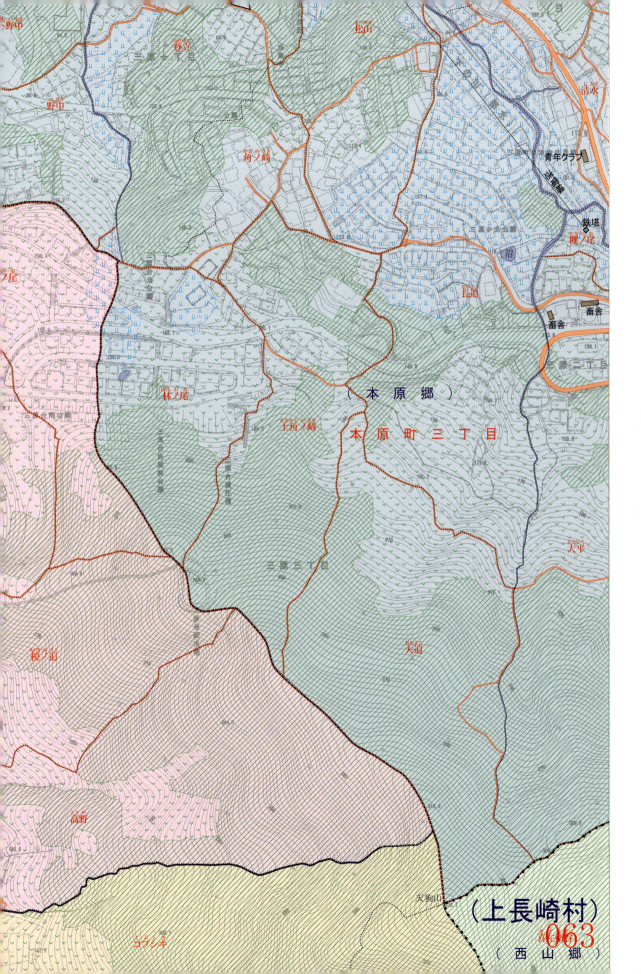

## ⑨ 3 E　高尾町付近

# 金比羅山の北西にのびる尾根の両がわ

### 高尾町と本原町三丁目

　金比羅山の北西にのびる尾根をさかいに西がわの高尾町と北がわの本原町三丁目が接していた。1964（昭和39）年以降の町名町界変更のとき、平地部分でほかの町との境界がかわり、本原町三丁目が三原町になった以外、ふたつの町の範囲はほとんどかわらなかった。しかし、2002（平成14）年の町名町界変更で、三原町は、一部がきりとられたほかは三原1〜3丁目にわけられ、高尾町の東半分が三原1・3丁目にくみこまれた。

### 純粋の農村

　このあたりは農村地帯で、いくつかの集落のほかには、学校や役所、工場、軍事施設など、とくにめだつ建物もなかった【2-031】。

　平地や谷は田んぼになっていて、たかい場所では標高100mをこえていた。なかでも、本原から西山にぬける、いまの県営バス循環線ぞいでは峠のちかくまで田んぼがせまっていた。

　それ以外の場所では標高200mをこえるところまで段々畑があり、森林はすくなかった。

　戦後しばらくたって、田んぼや畑だったところにつぎつぎと家がたち、都市化がすすんだ。これにともない、1958（昭和33）年に、山里小学校からわかれて、高尾小学校ができた。

　1962（昭和37）年には高尾小学校の200mほど北東の山手に九州経営学園高等学校ができた。これは1973（昭和48）年に協立高等学校となり、さらに1988（昭和63）年、諫早市にうつって創成館高等学校となった。

### 赤城墓地にはカトリック系の共同墓地が

　いま山里中学校・高尾小学校・本原自動車学校にかこまれたところに「赤城墓地」【2-032】がある。これは、家野町の阿蘇墓地（37ページ）、本原町一・二丁目のこうらん場墓地（49ページ）、本原町三丁目の登立墓地（51ページ地図）、上野町の白山墓地（61ページ）、坂本町・江平町の経ノ峰墓地（76ページ）とならんで、カトリックの墓がおおい共同墓地である。

【2-031】高尾町〜本原町三丁目（1945年9月7日）　右下に金比羅山の北西尾根がみえる。スティムソン・センター寄贈写真資料 page020（撮影／アメリカ軍　寄贈／スティムソン・センター　作成／広島市立大学・橋本健佑　提供／広島平和記念資料館）をトリミング

【2-032】赤城墓地（2020年2月11日）　高尾町　カトリックの墓にまじって、仏教の墓もある（中央下「法名塔」の文字に注目）。

# 機銃陣地と高射砲陣地

　本文中にたびたび登場する機銃陣地と高射砲陣地について、ここで整理する。

　すでに紹介した桜山陣地（家野町・37ページ）、ハゼ山陣地（西郷・49ページ）、楠木山陣地（上野町・61ページ）は機銃陣地である。これらは三菱兵器大橋工場にちかづく敵の飛行機をうちおとすため、工場をかこむようにおかれていた。兵器工場は海軍によって管理されていたので、終戦時、機銃陣地には海軍佐世保陸上警備隊の部隊がおかれていた。また、おなじような陣地が岩瀬道町（三菱造船所関係）と香焼村（川南造船所関係）にもあった。

　陣地はかべでかこまれてクレーターのようになっており、中心に口径25mmの機関銃がすえられていた。

【2-034】楠木山陣地の機関銃（1945年10月5日）　銃身をとりはずした跡　撮影／アメリカ軍　所蔵／アメリカ国立公文書館　提供／長崎原爆資料館　6-43-00-00-0054

【2-033】本原町一丁目の機銃陣地？（1945年8月7日）　現・扇町　左の大きな建物は長崎純心女学校　撮影／アメリカ軍　所蔵／アメリカ国立公文書館　提供／長崎原爆資料館　1 243NP-1-008

　そのほか、空中写真【2-033】をみると長崎純心高等女学校の150m東南東（本原町一丁目）にも機銃陣地らしいものがうつっている。しかし、この場所の陣地は記録にない。あたらしく建設中だったか、以前つかわれていた陣地の跡か、どちらかであると考えられる。

　88ページ以降で紹介する高射砲陣地は終戦時、金比羅山、中ノ島、星取山、小榊、神ノ島、香焼島にあった。陣地には陸軍の第134高射砲連隊の部隊がおかれ、兵器工場・造船所のほか、製鋼所や長崎港の入口をまもる任務があった。高射砲の口径は7cm〜10.5cmと大きく、たまは最大で7000m〜8000mのたかさまでとどいていた。

　稲佐山にも高射砲陣地があったものの、終戦まえに高射砲は九州各地にうつされ、その跡には木でつくられたニセモノがおかれた。

【2-035】金比羅砲隊陣地の高射砲（1945年10月18日）　撮影／アメリカ軍　所蔵／アメリカ国立公文書館　提供／長崎原爆資料館　6-43-00-00-0063

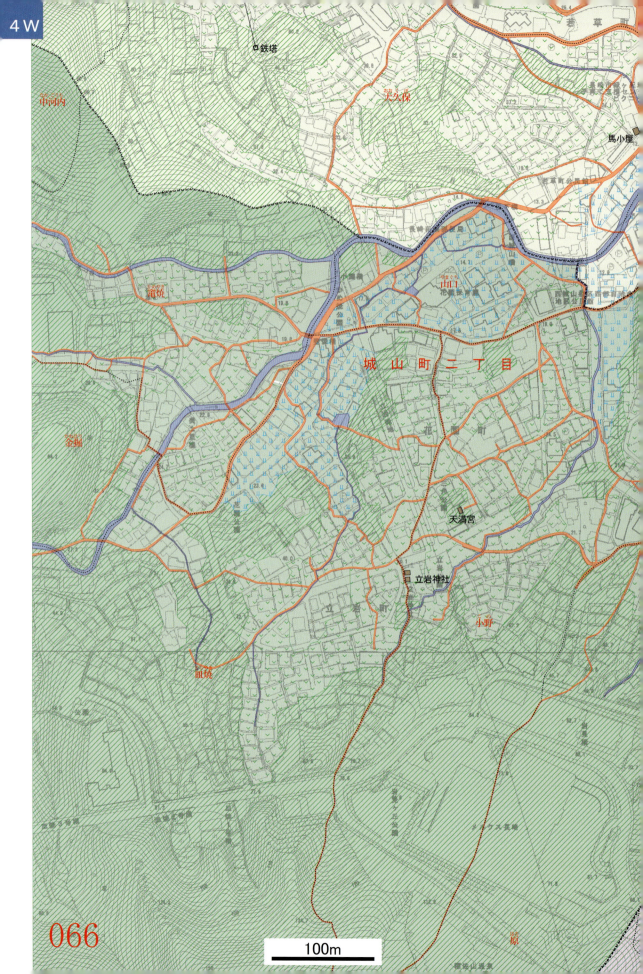

## ⑩4W 城山町・竹ノ久保町北部

# 城山国民学校の鉄筋校舎遺構が国の史跡に

### 城山町と竹ノ久保町

浦上淵村寺野郷だった城山町一・二丁目と竹ノ久保郷だった竹ノ久保町が接するところである。竹ノ久保郷は1898(明治31)年に長崎市にくみこまれ、1913(大正2)年に竹ノ久保町となった。通称で丁目がつけられていたものの、正式の名まえではない。

城山町一・二丁目と竹ノ久保町は1966(昭和41)年の町名町界変更でこまかくわけられた。

### 城山国民学校は長崎初の鉄筋コンクリート校舎

このあたりでいちばん有名な建物は城山国民学校である【2-036】。出発点となる城山尋常小学校ができたのは1923(大正12)年で、長崎で最初の鉄筋コンクリート校舎であった。1923(昭和12)年には北がわの校舎ができて、これらがのちに原爆で大きな被害をうけた。

【2-036】城山小学校(原爆投下まえ) いまの鎮西公園あたりからみたところ。国民学校になるまえの小学校と思われる。撮影/小川虎彦 提供/長崎原爆資料館 6-05-01-03-0011

戦後、被爆校舎は一部が修復されてのこり、1984(昭和59)年までつかわれた。いま、さらにその一部が国の史跡としてのこされている。

### 三菱製鋼所至誠寮

いまの鎮西通橋から富士見町交差点にむかう道路のあたりには三菱重工長崎製鋼所の至誠寮があった【2-037】。これは工員の男子寮で1941(昭和16)年につくられた。原爆で全焼し、戦後はふつうの住宅地になった。

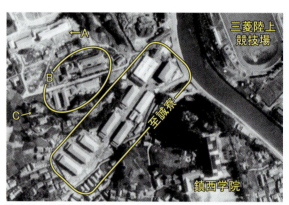

【2-037】三菱製鋼所至誠寮付近の空中写真(1945年8月7日) A:三菱電機長崎製作所城山町教習所 B:三菱電機城山寮 C:日本基督教団長崎城山教会 撮影/アメリカ軍 所蔵/アメリカ国立公文書館 提供/長崎原爆資料館 1 243NP-1-009

### 三菱電機の教習所と城山寮

城山国民学校と至誠寮のあいだには三菱電機長崎製作所の城山町教習所と城山寮があった【2-037】。これらは原爆で全焼した。いま、これらの跡はほとんどが「城山電機住宅」で、一部が城山小学校の運動場になっている。

### プロテスタント系の城山教会

三菱電機城山寮の西にはプロテスタント系の日本基督教団長崎城山教会があった。1930(昭和5)年鎮西学院が竹ノ久保町にうつってきたとき、もともと東山手にあったウェスレー教会が発展するかたちで、新校舎のなかに城山教会ができた。さらに、戦争色がつよまるなか1939

（昭和14）年、鎮西学院の院長をつとめたこともある宣教師スコットがアメリカに帰国した。このとき、城山教会はスコットのすんでいた建物にうつった。原爆で教会は全焼し、跡地には活水学院関係の建物ができた。これも2010年ごろになくなり、いまは何の痕跡もない。

## 結核療養所多々良荘・脳病院

いまの岩見公園から南西の山手にかけて、長崎結核療養所多々良荘があった。これは1920（大正9）年にできたものである。1942（昭和17）年、戦時体制のひとつとして日本医療団がつくられ、そのなかにくみこまれた。

結核療養所の北東がわには脳病院があった。これはいまでいう精神科病院で、当時はこのようによばれていた。

結核療養所と脳病院は原爆で全焼し、その跡は住宅地になった。いまでも現地には平坦面がのこっていて、かつて大きな建物があったことをおしえてくれる【2-038】。

## 中国人墓地

いまの富士見町交差点から200m西北西には中国人墓地があった。むかしの字図【2-039】には「宮」とかかれているので、ふつうにみられるような墓地ではなく、中国福建省や沖縄などにみられる亀甲墓のようなものだったと考えられる。戦後は区画整理で住宅地になり、痕跡はまったくのこっていない。

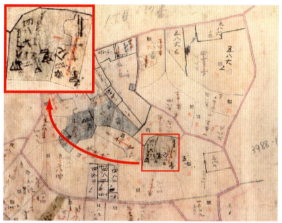
【2-039】中国人墓地付近の字図（旧寺野郷・原） 現・富士見町　方位は北を上にしてある。

【2-038】結核療養所多々良荘跡の平坦面（2020年2月9日）　現・岩見町

## 立岩神社と天満宮

立岩神社は、原爆投下まえも、いまとおなじ場所にあった。その40m北東には天満宮があった。戦後は区画整理にともなって天満宮が立岩神社の境内にうつり、跡地は住宅地になった。

## 送電線

立岩神社のちかくでは住宅地のなかを送電線がとおっている【2-040】。これは、さきに送電線があったところに、戦後の区画整理でまわりの住宅地ができたものである。千歳町緑地（37ページ）なども、はじめはこのようなかたちになっていた。

【2-040】送電線の下にある緑地帯（2020年2月9日）　現・花園町

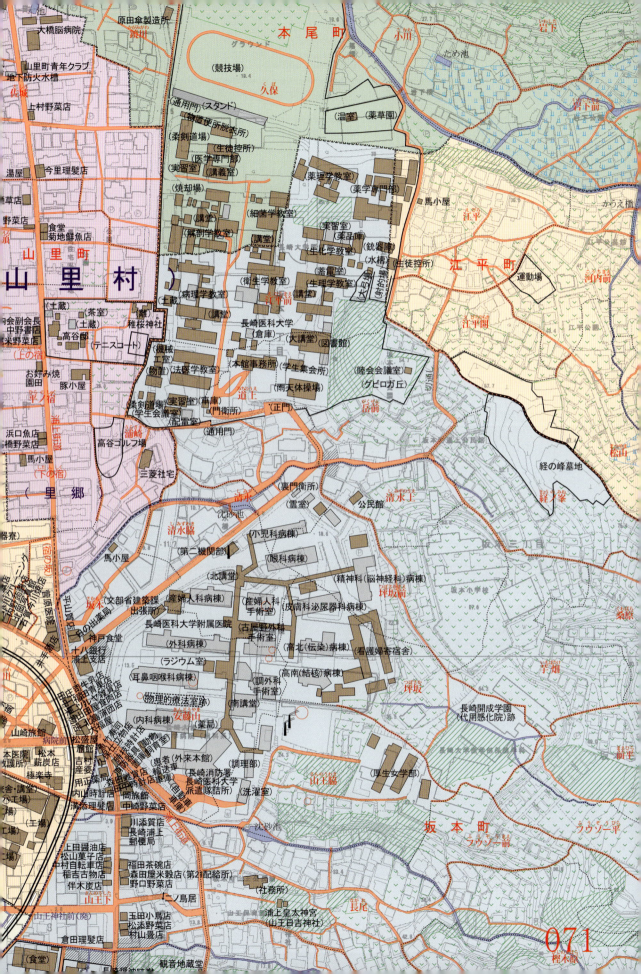

第 2 章　地図帳・24 区分の詳細

## ⑪ 4 M　浜口町・山里町・坂本町付近

# 長崎医科大学と附属医院が広域に展開

### 浦上山里村の中心部

　浦上山里村里郷だった山里町・浜口町・坂本町のあたりは、むかしから村の中心部であった。1898（明治 31）年にいまの長崎大学病院と歯学部のところと、浦上駅のあたりが長崎市にくみこまれて、1913（大正 2）年に坂本町と岩川町ができた。のこりの浦上山里村は 1920（大正 9）年に長崎市にくみこまれ、1923（大正 12）年に郷が廃止されて町になった。

　これらは 1964（昭和 39）年以降の町名町界変更で、境界線が大きくかわった。このときに、きえた町、あたらしくできた町もある。

### 長崎医科大学と附属医院

　長崎医科大学は 1857（安政 4）年に長崎奉行西役所にできた医学伝習所がもとになっている。坂本町にうつってきたのは 1891（明治 24）年で、長崎医科大学となったのは 1923（大正 12）年である。

　原爆投下のとき、附属医院は鉄筋コンクリートの建物だったので、大破（内部は全焼）しながらも戦後に修復され、1976（昭和 51）年ごろまでつかわれた。校舎【2-041】はほとんど木造だったので全焼し、戦後は鉄筋コンクリートの建物がつくられた。

### 鎮西学院

　いまの活水中学校・高等学校の場所には鎮西学院中学校があった【2-042】。

【2-041】長崎医科大学（1945 年 8 月 7 日）　現・長崎大学医学部　撮影／アメリカ軍　所蔵／アメリカ国立公文書館　提供／長崎原爆資料館 1 243NP-1-009

【2-042】鎮西学院中学校（原爆投下まえ）　現・活水中学校・高等学校　南東からみたところ　左にみえる三角屋根の建物は雨天体操場・武道場・寄宿舎　提供／長崎原爆資料館 6-02-01-10-0006

　ここはもと陸軍佐世保要塞砲兵連隊第二大隊の演習場だった。1921（大正 10）年、大隊がほかの場所にうつり、その跡地に 1930（昭和 5）年、東山手町から鎮西学院がうつってきた。このときにできた校舎が原爆で壊滅したため、鎮西学院はこの場所での復活をあきらめ、諫早市にう

つた。これが発展して、いまの鎮西学院高等学校・幼稚園・長崎ウェスレヤン大学（2021年から鎮西学院大学）になった。いっぽう、もとの校舎は、1951（昭和26）年にうつってきた活水中学校・高等学校の校舎としてつかわれたあと、ごく一部をのこして2011年にとりこわされた。

## 三菱工業青年学校

いまの大学病院電車停留所から南東にむかう場所に三菱工業青年学校があった。これは三菱長崎造船所のなかにあった三菱職工学校・三菱青年学校が1938（昭和13）年にうつってきたものである。大戦末期には疎開工場である長崎造船所㋹工場になっていた。

【2-043】三菱工業青年学校（原爆投下まえ）　現・浜口町・岩川町　南からみたところ　提供／長崎原爆資料館 6-02-01-18-0001・6-02-01-18-0002　撮影者不明

原爆で学校は全焼して、跡地は住宅地や商店街となった。

## 弥治兵衛開と三菱

いまの長崎北郵便局の場所には三菱兵器浦上寮があった。郵便局と長崎西洋館のあいだには三菱球場があった。これらと三菱工業青年学校をあわせたところは「弥治兵衛開」という字で、江戸時代に「浦上新田」ができるまえは海に面した干拓地だった。その弥治兵衛開は、ほとんどが三菱の土地になっていた。

## 商店街

岩川町から松山町にかけての県道（いまの国道206号）や長崎医科大学附属医院下の道路、簗橋と松山橋のあいだは、道の両がわに店がたちならぶ商店街であった。これらは原爆で全滅し、戦後も商店街が復活することはなかった。

## 駒場町の工場地帯

いま県営野球場や市民総合プール、市営ラグビー・サッカー場があるところは、駒場町一丁目・二丁目の工場地帯であった。

このあたりはもともと松山町だったところで、田んぼがひろがっていた。それが都市計画によって工場地帯になり、1943（昭和18）年に松山町からきりはなされた。

市営陸上競技場の部分には、いまよりも50mほど南にずれたかたちで三菱陸上競技場があり、その南にテニスコートがあった。弓道場の場所には工場があった。

駒場町は原爆で全滅したあと、戦後すぐにアメリカ軍の飛行場となった。アメリカ軍が去ったあと、市営競輪場（いまのラグビー・サッカー場の場所）がつくられ、さらに平和公園の一部として、市営大橋球場・国際体育館（いまのプールの場所）・陸上競技場などがつくられた。

## 沈砂池

浜口町よりも南は地面がひくく、しばしば水につかっていた。

これをかるくするために、1930（昭和5）年ごろ「沈砂池」【2-044】がつくられた。大雨のとき、ひくいところに水がながれこむまえに山手で川の水をダムによりせきとめ、そこから地下の管をとおして、浦上川にながすのである。これはいまも現役でつかわれている。

【2-044】長崎大学病院の北にある沈砂池（2020年2月11日）　長崎大学病院の南にもおなじようなものがある。　現・坂本1丁目

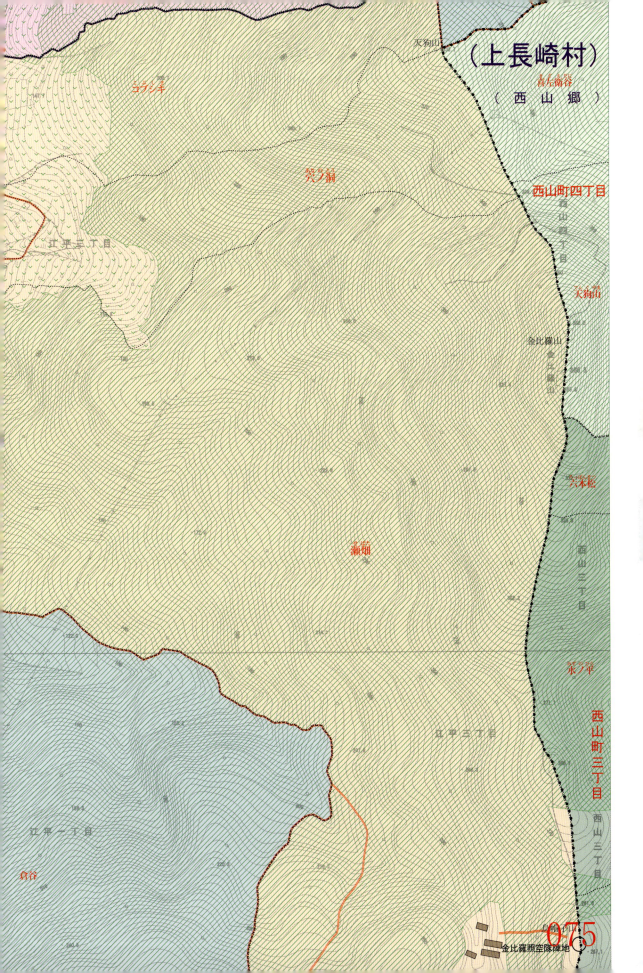

## ⑫ 4E　江平町－金比羅山

# 穴弘法奥ノ院など古い歴史遺構が数多く残る

### 金比羅山西斜面の農村

　金比羅山の西斜面にある江平町は、浦上山里村里郷の一部であった。1920（大正9）年に長崎市にくみこまれ、1923（大正12）年に郷から町になった。町の名まえは長崎医科大学の北東にある字「江平」がもとになった。

　1965（昭和40）年の町名町界変更で、となりの坂本町・本尾町との境界がかわり、1992年に江平1～3丁目にわかれて、坂本町の一部が江平1丁目にくみこまれた。

　このあたりは農村で、畑が標高190mちかくまではいあがり、田んぼも最高で90mにたっしていた。また、城山町二丁目とならんで、浦上でいちばん南の田んぼがあった。

　戦後、住宅地がひろがり、1956（昭和31）年に坂本小学校が、1961（昭和36）年に江平中学校（2021年廃校予定）ができた。

### 経ノ峰墓地

　長崎大学医学部東がわの尾根には「経ノ峰墓地」【2-045】がある。これは阿蘇墓地（37ページ）・こうらん場墓地（49ページ）・登立墓地（51ページ地図）・白山墓地（61ページ）・赤城墓地（64ページ）とともにカトリックの墓がおおい共同墓地である。

### 穴弘法

　経ノ峰墓地をとおりぬけて道をのぼっていくと「穴弘法」がある。これは岩にできた自然のわれ目に弘法大師をまつったところで、そばには「穴弘法奥ノ院霊泉寺」がある。また、その250mほど北西には「穴弘法寺本堂」がある。

　これらは江戸時代にあったお寺がすたれたあと、1909（明治42）年に霊泉寺として復活し、その後、穴弘法寺がわかれたものである。

### 狭田城跡

　穴弘法の真上にあるけわしい山には狭田城があった【2-046】。いまも遺構があるものの、年代や城主はわかっていない。

【2-045】経ノ峰墓地（2020年3月18日）　現・江平1丁目・坂本3丁目

【2-046】狭田城跡（2020年3月18日）　現・坂本2丁目

# 浦上新田と洪水対策

旧・岩川町や目覚町、それに茂里町の東部分はむかしから大雨のたびに水びたしになっていた。これは、このあたりがもともと入江の干潟だったことに関係がある。

いまの「長崎西洋館」から歯学部まえにかけては、江戸時代前半まで海岸であった。それは原爆資料館あたりの字・「浜口」のもとになり、いまも「浜口町」という名まえにのこっている。

それより南はぶよぶよのどろ干潟であった。いまでも長崎北郵便局まえの歩道にたっていると、大型の車がとおるたびに地面が上下にゆれるのがわかる。また、茂里町の「みらい長崎ココウォーク」をつくる工事のとき、地中から、建物をささえるためのマツのくいがたくさんでてきた。

この干潟は1730（享保15）年から干拓されて「浦上新田」になった。これは、西洋館のあたりから、いまの浦上川の岸をとおって聖徳寺の下（銭座町電車停留所のあたり）まで土手をつくり、これで干潟をかこみ、内がわに海水が入らないようにして、あたらしい土地をつくったものである。

だから地面は干潟のときとおなじたかさで、雨がふると水がたまっていた。これを水路であつめて、聖徳寺の下で干潮のときに海にながしていた。そして満潮のときは水路に板をはめて、海水の逆流をふせいでいた。これがもとになって、聖徳寺のあたりの字には「井樋ノ口」という名まえがついている。1904（明治37）年には南がわのうめたて地に「井樋ノ口町」ができて、さらに1966（昭和41）年まで電車の停留所名になっていた。

浦上新田はもともと田んぼやハス田だった。しかし、1917（大正6）年、茂里町に三菱長崎兵器製作所ができて以降、浦上は工場地帯となって、人口がふえ、ひくい土地に建物がたちならんだ。このため、洪水をふせぐ必要にせまられた。

1928（昭和3）年から5年計画で沈砂池づくりがはじまり、1930（昭和5）年に用地買収がおこなわれ、その後完成した。

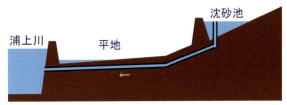

【2-047】沈砂池のしくみ

大雨で浦上川が増水すると川の水位が平地の地面よりもたかくなるので水がたまってしまう。そこで山からのながれこみをふせぐため、たかいところに沈砂池をつくって水をせきとめ、地中のくだで浦上川にながすのである【2-047】。

沈砂池はいまの長崎大学病院の北【2-044】と南【2-048】にあり、地下のくだは竹岩橋のすぐ下流（南がわ）で浦上川につながっている。1982（昭

【2-048】長崎大学病院の南にある沈砂池（2020年3月18日）　長崎大学病院の北にもおなじようなものがある。　現・坂本2丁目

和57）年の長崎水害のときには、浜口町商店街で地下のくだがこわれて、水が地上にふきあがった。沈砂池とべつに1959（昭和34）年からは、平地にながれこんだ水をポンプでくみあげ、浦上川にながしている。

沈砂池は天神町にもあって、地下のくだは宝町バス停ちかくで丁字川につながっている。

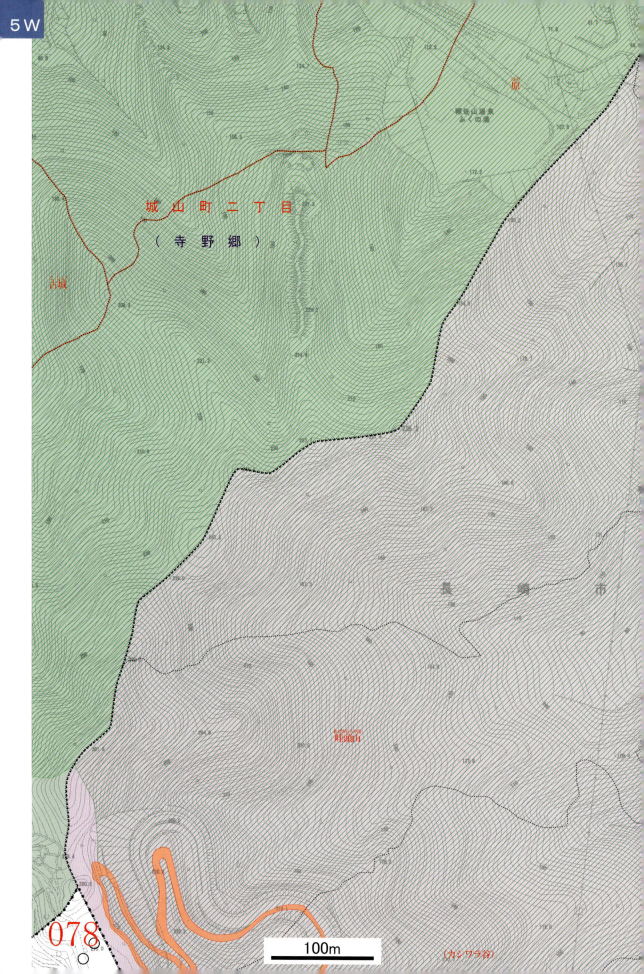

第2章 地図帳・24区分の詳細

⑬5W　竹ノ久保町南西部－稲佐山北東部

# 現・長崎西高、活水高の敷地は陸軍の施設

## 都市と農村がまじる

いまの竹の久保町から淵町にかけて、もとは全体が竹ノ久保町であった。1966（昭和41）年の町名町界変更でこまかくわけられた。

このあたりは稲佐山のけわしい尾根が北東にのびて、平地はせまかった。それでも、学校・病院・陸軍関係の建物や住宅地があった。そのいっぽうで農村のなごりである畑がひろがっていた。しかし、田んぼはまったくなかった。

## 淵国民学校

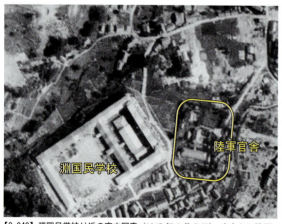

【2-049】淵国民学校付近の空中写真（1945年8月7日）　となりに陸軍官舎があった。撮影／アメリカ軍　所蔵／アメリカ国立公文書館　提供／長崎原爆資料館　1 243NP-1-011

いまの淵中学校は1940（昭和15）年にできた淵高等小学校がもとになっている。ほかの小学校とちがって高等科だけで、当時の中学校1・2年生とおなじ年齢のこどもが旧・淵村のひろいところから通学した。これが、1941（昭和16）年、高等科の淵国民学校となった【2-049】。

淵国民学校は、大戦末期に三菱長崎造船所の疎開工場となり、⑦工場とよばれていた。また、三菱電機の疎開工場にもなっていた。

原爆で木造校舎は全焼した。鉄筋コンクリート校舎は大破して内がわは全焼したものの、修復してつかわれ、1989年ごろとりこわされた。

## 陸軍官舎

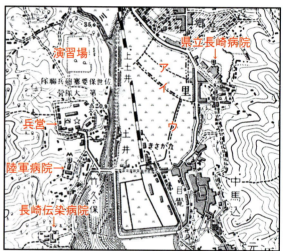

【2-050】1901年の地図　兵営は現・長崎西高等学校　演習場は現・活水中学校・高等学校　県立長崎病院は現・長崎大学病院　国土地理院発行2万分の1正式図「長崎」1901年版（大日本帝国陸地測量部）に加筆

淵国民学校の東には陸軍官舎【2-049】があった。ここには1901（明治34）年に陸軍の病院があって、長崎西高等学校の場所に陸軍佐世保要塞砲兵連隊第二大隊の兵営があった【2-050】。

## 市立長崎病院

市立長崎病院は1885（明治18）年にできた県立の長崎伝染病院がもとになっている。これが1892（明治25）年に長崎市の病院となり、1937（昭和12）年に「長崎病院」になった。原爆で壊滅（85ページ）、戦後復活し、1979（昭和54）年に成人病センターとなったものの、2016年廃止された。

# いまものこる干潟の地形

1901(明治34)年の地図【2-050】をみると、田んぼがいちめんにひろがっていて、県立長崎病院(いまの長崎大学病院)の西に、点線ア・イであらわされる2本の道が北西から南東にのび、ウの実線であらわされる水路と点線であらわされる道が北北東から南南西にのびているのがわかる。

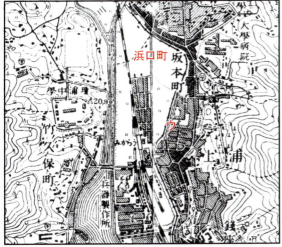

【2-051】1924年の地図　瓊浦中学は現・長崎西高等学校　大学病院は現・長崎大学病院　国土地理院発行2.5万分の1地形図「長崎西北部」1924年版(陸地測量部参謀本部)に加筆

1924(大正13)年の地図【2-051】をみると、ウにそって電車の線路がとおり、その東が住宅地になっている。また、浦上駅の南西に兵器工場がつくられいる。さらに浦上駅の北東がわに、東西・南北方向に規則正しく道路ができて、住宅地となっている。また、浜口町の田んぼがなくなって、これから住宅地にかわろうとしていることもよみとれる。

これが1945(昭和20)年【2-052】には全体が都市化して、田んぼがきえている。鉄道線路の西はすべて工場地帯となり、東は住宅地や商業地になっている。そのうち、浜口町ではア・イに平行な道路、直交する道路が交差し、岩川町のうちウより西では東西南北方向の規則的な道路ができていて、いまのまちの原型ができあがっている。ウの東ではやや不規則な道路になっている。

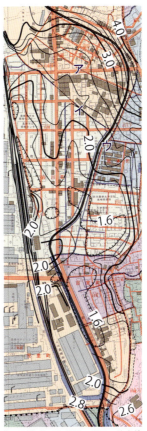

【2-052】岩川町付近の地形　等高線は20cm間隔、たかさには数cmの誤差がある。たかさの基準は東京湾平均海面　水準測量/布袋 厚(1983年実施)　地図は1945年8月上旬のもの　破線は字の境界線

ここで字をみると、アは扉川と弥治兵衛開の境界線、イは弥治兵衛開と内開の境界線、ウは山王下・岩川の西のヘリであることがわかる。

これらのことから、アは弥治兵衛開ができるまでの海岸線、イは浦上新田(77ページ)ができるまでの海岸線、ウは浦上新田ができたあとの、山からながれてくる川の延長と、これにそった道であったことがわかる。

等高線をみると、全体として北西から南東にのびていて、ア・イの道と平行になっており、南西のほうほど地面がひくいのがわかる。これは浦上新田ができるまえに遠浅の干潟があって、おきのほうほどひくかったことのなごりと考えられる。住宅地をつくるとき、ふつうは田んぼをうめて、地面をたかくするので、干潟の面はいまよりももっとひくかったはずである。

鉄道線路のあたりから西で地面が2.0mをこえて、たかくなっているのは人工的に土をもりあげているためで、等高線のならびかたをみると、もとは1.0mよりもひくかったと考えられる(長崎港の潮位は秋の大潮で+1.9mにたっする)。

081

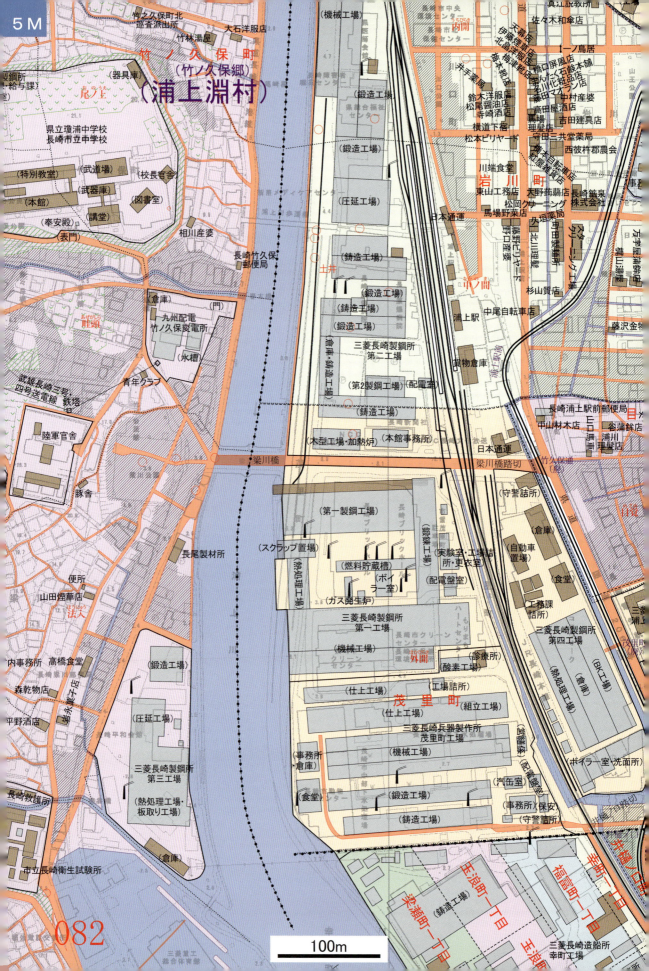

## ⑭ 5M　竹ノ久保町南東部・目覚町周辺

# 長崎兵器製作所の茂里町工場では魚雷をつくる

### 里郷と馬込郷

　茂里町から銭座町のあたりは、浦上山里村の里郷と馬込郷であった。1898（明治31）年、浦上街道から西のうち、内開・山王下とその南が長崎市にくみこまれ、1913（大正2）年、郷から町にかわった。浦上街道の東と弥治兵衛開から北は1920（大正9）年に長崎市にくみこまれ、1923（大正12）年に町になった。

　茂里町よりも南は1901（明治34）年ごろのうめたて地で1904（明治37）年に町名がついた。

　これらは1963（昭和38）年以降の町名町界変更で、境界線がかわり、あたらしい町ができて、いくつかの町がなくなった。

### 県立瓊浦中学校

　いまの長崎西高等学校の場所には県立瓊浦中学校があった（81ページ【2-051】）。いまの瓊浦高等学校は当時の私立瓊浦高等女学校が発展したもので、県立瓊浦中学校とのつながりはない。

　瓊浦中学校の場所には1899（明治32）年から陸軍佐世保要塞砲兵連隊第二大隊の兵営があった（80ページ【2-050】）。これが1921（大正10）年にほかの場所にうつり、その跡に1923（大正12）年、瓊浦中学校ができた。

　大戦末期には三菱製鋼所勤労課・給与課の疎開事務所があった。

　原爆で校舎はもえなかったものの全壊し、戦後はほかの場所にうつった。1948（昭和23）年、県立瓊浦高等学校となったあと、その年の途中で突然、県立長崎高等学校（旧県立長崎中学校）・県立長崎女子高等学校（旧県立長崎高等女学校）・長崎市立女子高等学校（旧市立高等女学校）とともにまとめられて、長崎西高等学校（鳴滝町）・長崎東高等学校（西山町）にわけられた。そして1950（昭和25）年、長崎西高等学校がいまの場所にうつってきた。

　ところで、鎮西学院中学校（いまの活水中学校・高等学校の場所）は砲兵連隊第二大隊の演習場だったので、兵営だった瓊浦中学校とのあいだには道路があった。これはいまものこっていて、長崎西高のグラウンドにある門と活水中・高校の正門をつないでいる【2-053】。

【2-053】兵営と演習場をつないでいた道路（2020年2月21日）　活水中学・高校正門（演習場・鎮西中学校跡）から長崎西高校（兵営・瓊浦中学校跡）をみたところ　道路のつきあたりは階段で、のぼりつめたところに門がある。　現・宝栄町～竹の久保町

### 銭座国民学校

　ここは、江戸時代に銅銭をつくっていた場所として知られ、字の名まえも銭座である。銭座小学校は1902（明治35）年にできた銭座尋常小学校がもとになっている。1925（大正14）年に鉄筋コンクリート3階建ての増築校舎ができた。1941（昭和16）年、銭座国民学校となり、大戦末期には三菱製鋼所の疎開工場となった。

　原爆で学校は全焼、鉄筋コンクリートの建物

は大破しながらも、市立長崎病院（80ページ）の仮病院となった。学校の授業は稲佐国民学校の一部をかりておこなわれ、もとの場所にもどったのは1948（昭和23）年である。修復された被爆校舎は1989年までつかわれた。

### 長崎兵器製作所茂里町工場

「みらい長崎ココウォーク」の西には三菱長崎兵器製作所茂里町工場【2-054】があった。これは1917（大正6）年につくられた。おなじ年、長与村の堂崎に発射試験場がつくられた。さらに、国が戦争をすすめるなか、1939（昭和14）年には、いまの長崎大学文教キャンパスに大橋工場がつくられた。長崎兵器製作所は、海軍の魚雷をつくる日本でただひとつの民間工場であった。

【2-054】三菱長崎兵器製作所茂里町工場（1924年）　聖徳寺のほうからみたところ　左下に井樋ノ口の鉄橋がみえる。右下、電車の手まえあたりが現・銭座町停留所である。『長崎市制65年史中編』より転載

茂里町工場は原爆で大破し、戦後は長崎精機製作所にかわったものの、1951（昭和26）年、長崎造船所にまとめられ、跡地は1961年（昭和36）年、中部下水処理場になった。堂崎の試験場は戦後、でんぷん工場になっていたものの、いまは長崎造船所堂崎工場という名まえで復活している。

### 三菱兵器山王寮

いまの岩川町、山王公園の南東には三菱長崎兵器製作所山王寮があった。これは1940（昭和15）年につくられた。

建物が木造だったので原爆で全焼し、跡地は区画整理されて住宅地になった。

### 三菱長崎製鋼所

みらい長崎ココウォーク・長崎ブリックホールから法倫会館にかけてのひろい場所は、三菱長崎製鋼所であった。

1919（大正8）年、いまのブリックホールを中心とするところに最初の工場（第一工場）ができた。ついで、梁川橋と竹岩橋のあいだに第二工場、兵器工場のむこう岸に第三工場、ココウォークの場所に第四工場ができた。最初は三菱造船長崎製鋼所だったものが、いろいろうつりかわって、1942（昭和17）年に三菱製鋼となった。大戦末期には陸軍と海軍の管理工場であった。

原爆で全滅し、第一工場を中心に復活したあと、会社のかたちがさらにかわり、1985（昭和60）年、深堀町にうつった。

### 三菱病院浦上分院

ココウォークのまえ、いまの電車線路から東にかけて三菱病院浦上分院があった。これは、製鋼所や兵器工場のための病院としてつくられたのであろう。

建物が木造だったため、原爆で全焼し、跡地は区画整理され、分院はなくなった。

### 九州配電銭座変電所・竹ノ久保変電所

銭座国民学校の東の谷間には九州配電銭座変電所があった。これは、1915（大正4）年、ほかの変電所にさきがけ、県外からつながる送電線の終点としてつくられた、歴史のふるいものである。原爆で大破しながら修復され、いまも現役でつかわれている。

瓊浦中学校の南東には竹ノ久保変電所があって、三菱製鋼所などに電力をおくっていた。こちらは原爆で壊滅後、そのまま廃止され、跡地は九州電力の社宅になっている。

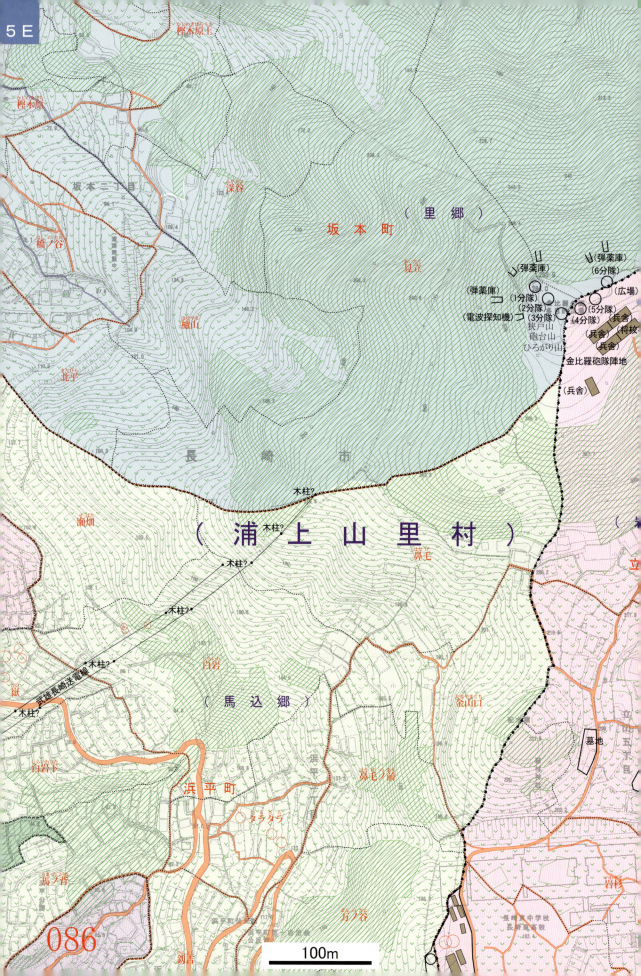

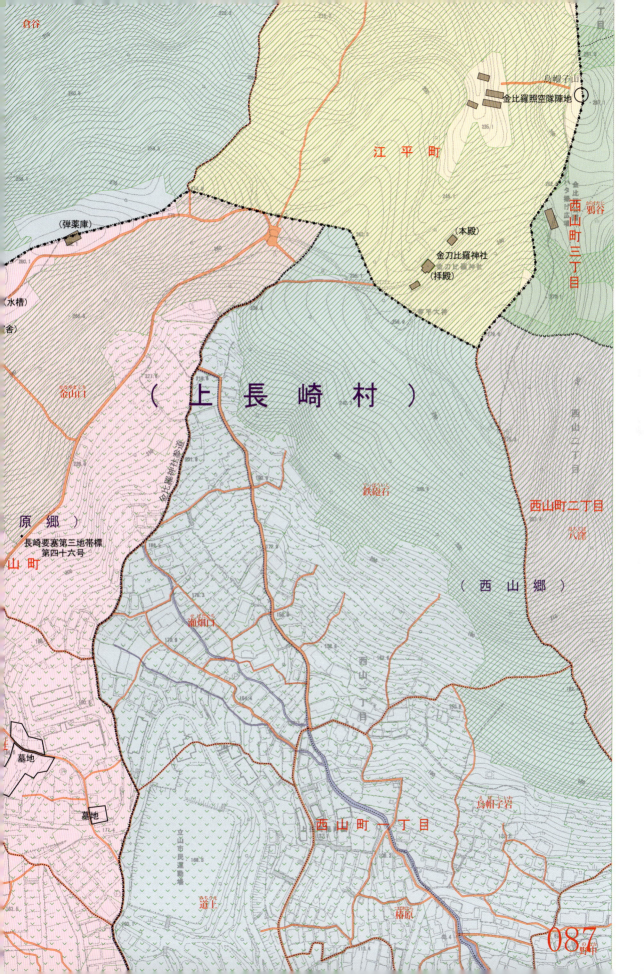

第2章 地図帳・24区分の詳細

## ⑮ 5E 浜平町−金比羅神社周辺

# 金比羅山にならぶ砲台陣地と兵舎群

### 浦上山里村と上長崎村

　金比羅神社の西にある山は狭戸山とよばれ、神社の北にある烏帽子山とともになだらかな丘になっている。これらをつないで南にぬける尾根は浦上山里村と上長崎村の境界線であった。

　浦上山里村のほうは、狭戸山の西の尾根をさかいに、北が坂本町（もと里郷の一部）、南が浜平町（もと馬込郷の一部）であった。また、烏帽子山の西がわは江平町（もと里郷の一部）であった。上長崎村のほうは、金比羅山登山道をさかいに西が立山町（もと岩原郷）、東が西山町一丁目（もと西山郷）であった。

### 狭戸山の名まえ

　狭戸山のふもとから中腹には、西山町一丁目と坂本町にそれぞれ「瀬畑口」という字がある。また、穴弘法のある丘には「狭田城」（76ページ）があった。これらは漢字こそちがうものの、よみかたはほとんどおなじである。

　このようなことは烏山城（41ページ）にもあって、地名をみるときは、漢字ではなく、よみのほうに意味があることをおしえてくれる。

### 金比羅砲隊陣地

　狭戸山には金比羅砲隊陣地があった。これは1942（昭和17）年につくられた陣地で、はじめ独立防空第21大隊という名まえだったものが何回もかわって、最後は陸軍高射砲第134連隊高射砲第4中隊となった。

　陣地のなかでいちばん高いところに6つの高射砲がすえられ、それぞれが土のかべでかこまれていた。このため、空中写真ではクレーター

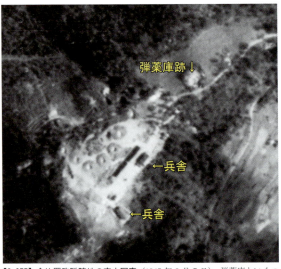

【2-055】金比羅砲隊陣地の空中写真（1945年9月7日）　弾薬庫といくつかの兵舎はこわれている。スティムソン・センター寄贈写真資料 page020（撮影／アメリカ軍　寄贈／スティムソン・センター　作成／広島市立大学・橋本健佑　提供／広島平和記念資料館）をトリミングして加筆

のようなものがならんでみえる【2-055】。砲台の南東には兵舎がいくつもあった。その北東には弾薬庫があって、これも土のかべでかこまれていた。

　原爆で兵舎が大破し、戦後は建物の土台、貯水槽、コンクリートの防空壕がのこっていた。また、陣地があった狭戸山は戦後も「砲台山」とよばれた。

　1980年代ごろ、防空壕は土でうめられ、いまは屋根だけ地面にでている。2001年ごろからは公園づくりがすすめられ、建物の土台がなくなってしまった。しかし、水槽は生物のすみかとしてのこされており、もとのすがたをみることができる。

　烏帽子山には照空隊陣地があった。その西に兵舎があったことが空中写真からよみとれる。しかし、くわしい資料がみつからず、正確なところはわからない。

# 金比羅砲隊陣地までの軍用道路

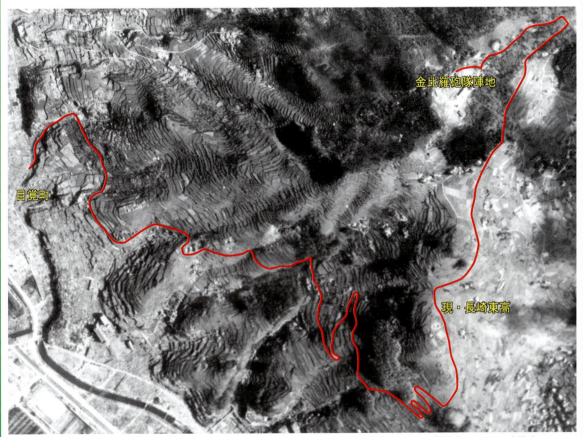

【2-056】金比羅砲隊陣地にのぼる軍用道路（1945年9月7日）　スティムソン・センター寄贈写真資料 page020（撮影／アメリカ軍　寄贈／スティムソン・センター　作成／広島市立大学・橋本健佑　提供／広島平和記念資料館）をトリミングして加筆

　金比羅砲隊陣地までは自動車でのぼることができた。その道は、いまの目覚町から坂本国際墓地のそばをとおり、浦上街道に合流する。そこから、しばらく水平にすすんだあと、銭座町にさしかかるところで浦上街道とわかれて坂をのぼる。浜平バス停をすぎて200mほどすすんだところで、おりかえして、きつい急坂をのぼる。これを200mほどすすんだところまでは現役の車道である。

　ここで軍用道路は南におりかえしてホテル・「にっしょうかん」のなかをとおり、ヘアピンカーブをくりかえしながら山をのぼりつめていた。尾根をこえてから長崎東高校のテニスコートをかすめて、グラウンドの西のヘリをすすみ、校舎の北にある道路につながっていた。

　急坂の終点からここまでは、道がなくなっているので、長崎東高校の正門まで、まわり道が必要である。急坂車道の終点から北にむかう階段の道をのぼっていくと、標高190mあたりで、右にわかれ道があるのでこれを南にすすむと東高校にぶつかる。

　ここから金比羅神社にむかう道路は途中から山道になるものの、1車線の幅があって郵便局のバイクがとおっている。しばらくすすむと九州自然歩道と交差するので、これを西にすすむと陣地の跡につく。

　軍用道路は1車線の砂利道であった。いまでは、浜平バス停200m南のおりかえしまで2車線舗装道路になっている。

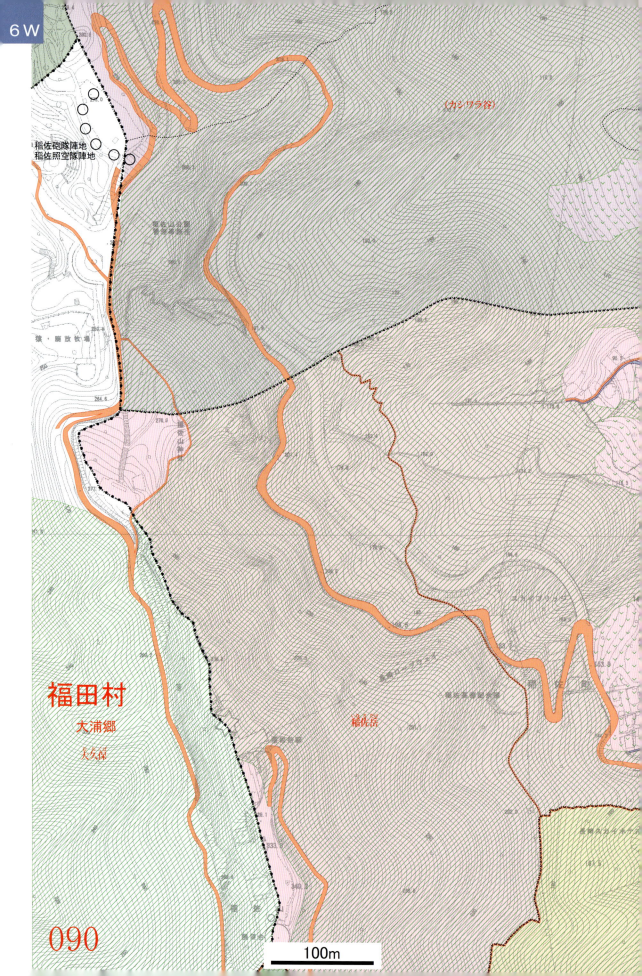

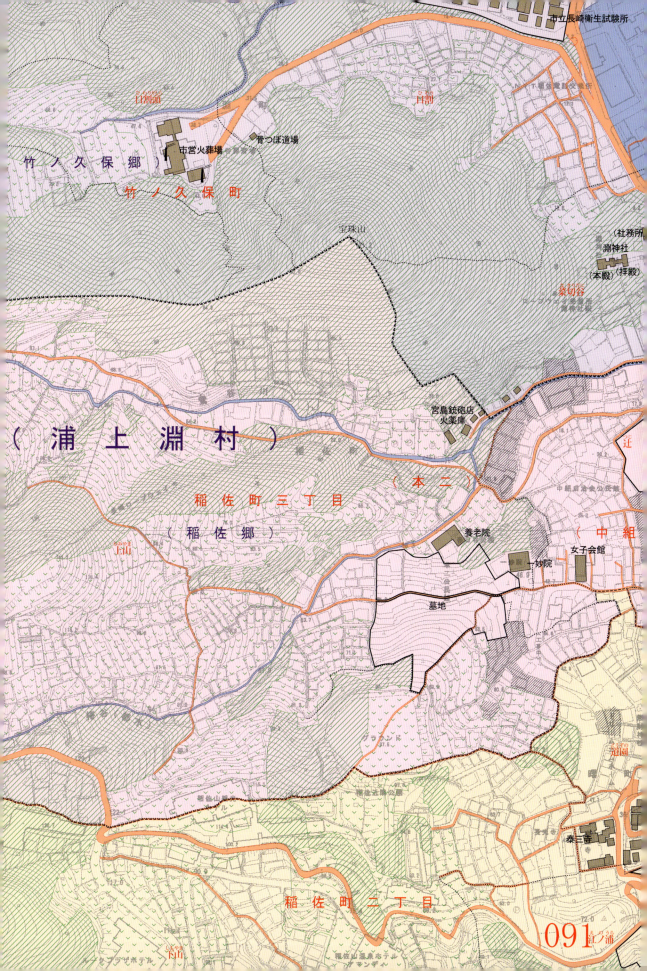

## ⑯ 6W　稲佐山東斜面

# 稲佐山にも多数の陸軍施設があった

### 稲佐山

　稲佐山の尾根は長崎市と西彼杵郡福田村大浦郷の境界線であった。福田村は1955（昭和30）年、長崎市にくみこまれた。さらに1958（昭和33）年、大浦郷は大浜町になった。

### 竹ノ久保町と稲佐町

　淵神社のうらにある山は宝珠山とよばれ、ここから稲佐山につながる尾根は竹ノ久保町と稲佐町一丁目の境界線であった。また、稲佐近隣公園がある尾根は稲佐町一丁目と二丁目の境界線であった。

　これらの町はもと浦上淵村の竹ノ久保郷と稲佐郷で、1898（明治31）年に長崎市にくみこまれ、1913（大正2）年に郷から町になった。

### 一妙院

　稲佐小学校の西にある一妙院は日蓮宗のお寺で、1912（明治45）年に稲佐教会所としてひらかれ、1922（大正11）年に一妙院となった。

### 泰三寺

　稲佐山登山道路の入口からすこしのぼったところにある泰三寺は曹洞宗のお寺で、1920（大正9）年に、寺町にある皓台寺の稲佐説教所としてひらかれたのがはじまりである。その後、1931（昭和6）年にいまの場所にうつって、1940（昭和15）年に曹洞宗稲佐教会となり、1945（昭和20）年に泰三寺となった。

### 稲佐砲隊陣地

　稲佐山には高射砲陣地があった。これは1937（昭和12）年に陸軍佐世保重砲兵連隊要塞防空隊が緊急におかれたのがはじまりである。これは翌1938（昭和13）年にいなくなったものの、1942（昭和17）年に長崎要塞防空隊の陣地となった。その後、部隊の名まえなどが何回もかわって、1945（昭和20）年4月に高射砲第134連隊第1中隊となり、6つの高射砲がすえられていた。

　また、これとはべつに1941（昭和16）年から1943（昭和18）年まで海軍の砲台があった。

　空中写真【2-057】をみるといまの稲佐山公園ドッグランのへりにそってクレーターのようなものがならんでいるのがわかる。それぞれの

【2-057】稲佐砲隊陣地の跡（1948年1月13日）　中央にクレーターのようなものがならんでみえる。アメリカ軍撮影空中写真 USA-R216-75

中心に高射砲があって、そのまわりは土のかべになっていた。しかし、5月になると稲佐山の高射砲は、本土決戦にそなえるため、ほかの県にうつされ、跡には木でできたニセモノがおかれた。写真には兵舎の跡のようなものもうつっている。

# 長崎要塞

　1899（明治32）年、要塞地帯法がつくられると同時に長崎は要塞都市になり、佐世保要塞砲兵連隊第二大隊が竹ノ久保町に入った。翌年、おなじ場所に長崎要塞司令部ができた（80ページ地図【2-050】、☆が要塞司令部の記号）。

　要塞司令部は1903（明治36）年に大黒町にうつり、さらに1906（明治39）年に浦上淵村平戸小屋郷（のちの外浪町）にうつった【2-058】。

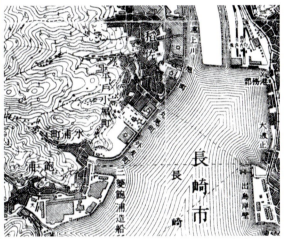

【2-058】外浪町の長崎要塞司令部（中央の☆印）　国土地理院発行2.5万分の1地形図「長崎西北部」1924年版（陸地測量部参謀本部）

　日本が太平洋戦争につきすすんだ翌年の1942（昭和17）年、要塞司令部は長崎港をみわたせる南山手町（現・長崎地方気象台）にうつった。

　1940（昭和15）年改定の要塞地帯法によって、砲台などをむすんだ線から15000m以内では、要塞司令官の許可のない、測量・写真撮影・スケッチ・記録が禁止された。

　また、5000mあるいは1000m以内では、建物、水路、公園や運動場、田畑・果樹園、池をつくったり改造したりすること、土をほったりうめたりすること、竹や木をうえたり切ったりすること、船をつなぐこと、たき火をすること、魚や海藻をとること、狩りをすることなども要塞司令官の許可がなければできなかった。

　さらに、道路や橋などをつくったり改造したりすることは陸軍大臣の許可が必要であった。

　これらに違反すると最高で懲役3年という、きびしい刑があった。

　このため、地図も軍事機密とされ、長崎の地形図には、軍などの内部資料としてつくられた「長崎」【2-059】と要塞地帯の部分を空白にした一般むけの「矢上」【2-060】の2種類があった。

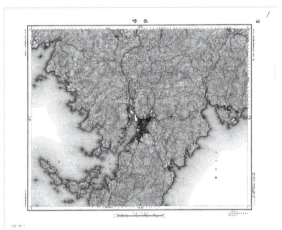

【2-059】軍事機密としての地形図　右上のすみに「秘」の文字が見える。
国土地理院発行5万分の1地形図「長崎」1901年版（大日本帝国陸地測量部）

【2-060】要塞地帯の部分を空白にした地形図　国土地理院発行5万分の1地形図「矢上」1901年版（大日本帝国陸地測量部）

　「矢上」の地図がその後発行されることはなく、秘密のベールにつつまれてしまった。

## ⑰ 6M　稲佐町北東部・船蔵町－御船町付近

# 稲佐山登山道の入口にいまも残る遊郭跡

### 稲佐郷・馬込郷と埋立地

　稲佐橋の西は、もと浦上淵村稲佐郷だった稲佐町一・二丁目と、1904（明治37）年にできたうめたて地の旭町一・二丁目であった。これらは1965（昭和40）年の町名町界変更でこまかくわけられた。

　浦上川東がわの平地も1904年のうめたてによりできた町で、福富町・幸町・宝町・寿町・八千代町・尾ノ上町・高砂町と、おめでたい名まえがたくさんついていた。その東の山手は、もと浦上山里村馬込郷だったところで、浦上街道あたりから西が1898（明治31）年に長崎市にくみこまれ、1913（大正2）年に町になった。これより東は1920（大正9）年に長崎市にくみこまれ、1923（大正12）年に町になった。このあたりは1963（昭和38）年の町名町界変更で、いくつかの町にまとめられ、境界線もかわった。

### 三菱造船所幸町工場

　JリーグV・ファーレンのスタジアムができることになっている場所には三菱長崎造船所幸町工場があった。

　ここは1904（明治37）年のうめたて地で、1912（大正元）年、長崎紡績という会社ができた。これは1923（大正12）年、国光紡績となったのち、国内はもとより、中国の青島に工場をつくるほどになった。しかし、1941（昭和16）年、倉敷紡績にとりこまれ、半月後に長崎工場が三菱重工にうりはらわれた。

　三菱造船幸町工場には大戦末期、長崎造船護国隊（刑務所の受刑者でつくられた部隊）の本部と福岡俘虜（＝捕虜）収容所第十四分所があった。

　幸町工場は原爆で壊滅しながら、すぐに修復された。戦後は、浦上地区の三菱工場がつぎつぎときえていくなかで、最後までのこっていた。

### 三菱造船所製材工場

　幸町工場の対岸、いまの三菱球場・三菱記念会館や第一・第二稲佐寮の場所には三菱長崎造船所竹ノ久保製材工場【2-061】があった。ここは浦上川河口の干潟だったところで、1922（大正11）年ごろにうめたてられ、1926（昭和元）年に製材工場ができた。このとき、工場の北にある干潟を利用した貯木池がつくられた。

　原爆で工場は全焼し、その跡には1961（昭和36）年までに三菱球場と寮ができた。このころ、貯木池がうめたてられ、あたらしい三菱製材所ができた。その後、製材所はなくなり、いまは三菱重工総合体育館やテニスコートなどになっている。

### 西部瓦斯八千代製造所

　いまの長崎県営バス本部がある場所には西部瓦斯長崎支店八千代製造所【2-061】があった。

　これは1902（明治35）年の長崎瓦斯がもとになっている。これがいろいろとうつりかわって、1922（大正11）年、東邦瓦斯となったあと、1930（昭和5）年に西部瓦斯として独立した。八千代町に工場ができたのは1911（明治44）年ごろである。

　原爆で大破したあと修復され、戦後もガスをつくった。そして1971（昭和46）年、時津町にうつって、八千代町の工場はなくなった。

## 長工醤油

NHK長崎放送局の100m北、「チョーコー会館」のあるところは長崎醤油味噌工業施設組合御船町工場【2-061】があった。

【2-061】浦上川河口のまわり（1945年8月7日） A：三菱長崎造船所竹ノ久保製材工場（一部） B：西部瓦斯八千代製造所（一部） C：長崎醤油味噌工業施設組合御船町工場 D：中ノ島照空隊陣地 E：中ノ島砲隊陣地 F：九州配電長崎火力発電所 G：稲佐遊郭　撮影／アメリカ軍所蔵／アメリカ国立公文書館　提供／長崎原爆資料館　1-243NP-1-007

ここはもともと松尾屋という、みそ・しょうゆ店であった。1941（昭和16）年、これをふくめた29の店が、国によって強制的にまとめられ、長崎醤油味噌醸造工業組合をつくり、1944（昭和19）年に長崎醤油味噌工業施設組合と名まえをかえた。

組合の工場はほかに、坂本町工場（旧・宮崎醤油店）と駒場工場があった。3つの工場は原爆で全焼し、戦後に御船町工場だけが復活した。これが発展して、いまの長工醤油味噌協同組合（製造）とチョーコー醤油株式会社（販売）になった。工場は大村市にあって、御船町工場の跡には本社がある。

## 中ノ島照空隊陣地

いまの県営バス本部の100m南西には中ノ島照空隊陣地【2-061】があった。これは、夜にとんできた敵の飛行機をみつけるために強力なサーチライトをうごかしていた陣地である。このほか、中ノ島には中ノ島砲隊陣地（高射砲陣地）もあって、ふつうの人は立ち入り禁止になっていた。

## 九州配電長崎火力発電所

稲佐橋の100m南には九州配電長崎火力発電所があった【2-061】。これは1910年代前半につくられたあと、何度か会社がうつりかわって、1922（大正11）年に、東邦電力という、九州から中部地方にまたがる大きな会社のものになった。

しかし、1942（昭和17）年に国の命令で、東邦電力はなくなり、長崎火力発電所は九州配電にうつされた。

発電所は原爆で壊滅し、復活することはなかった。いまは跡地のごく一部が九州電力稲佐寮になっているだけで、ほかは区画整理されて、ふつうの市街地になっている。

## 稲佐遊郭

稲佐山登山道の入口から泰三寺までの道路や教専寺の南にある東西方向の道路にそったところには、丸山町や寄合町とおなじようなものがあり、稲佐遊郭とよばれていた【2-061】。

稲佐遊郭は大戦中、三菱関係の寮としてつかわれていたという証言があり、丸山にもそのような例がある。

戦後は部分的に復活して、1958（昭和33）年の売春防止法ができるまでつづいた。いまも、稲佐山登山道がのぼり坂にさしかかるところに当時の建物がのこっている【2-062】。

【2-062】稲佐遊郭跡にのこる建物（2020年3月11日）　原爆による火事の跡に戦後たてられた。2階の窓やその下の貝殻のかざりが特徴的である。現・曙町

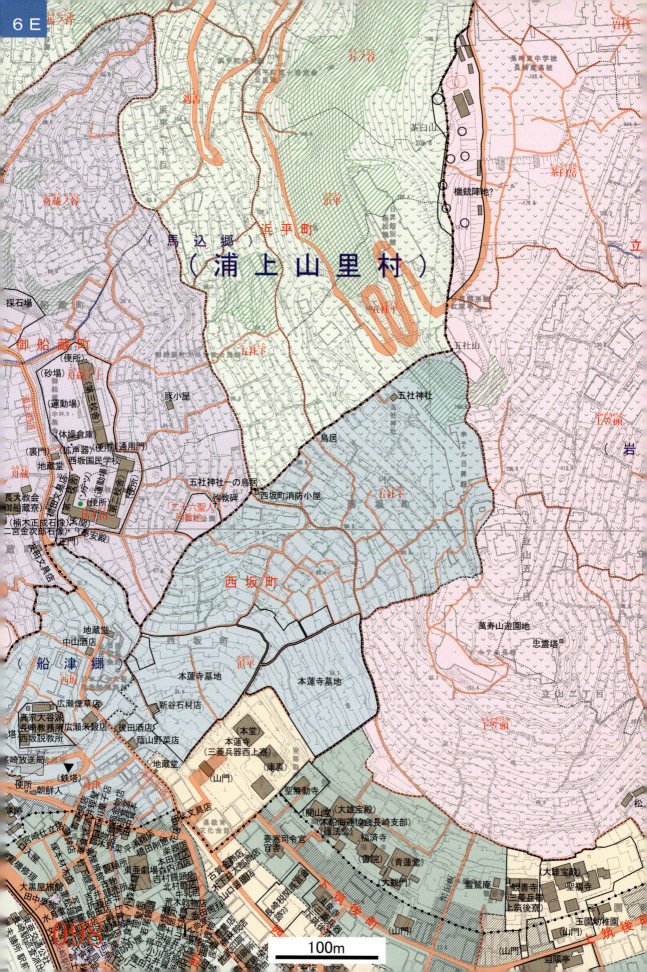

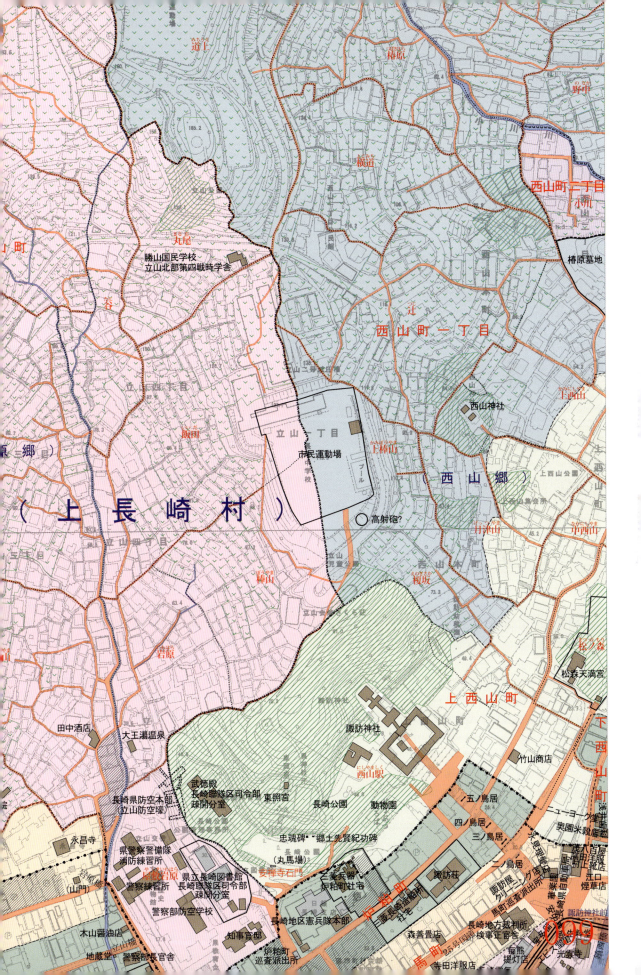

## ⑱ 6E　立山町付近

# 立山役所跡をかこむ憲兵隊本部や県庁仮庁舎

### 茶臼山と岩原郷・西山郷

　長崎東高等学校の西にある丘は茶臼山といい、浦上山里村馬込郷と上長崎村岩原郷の境界線であった。また、諏訪神社のうらにある丘から立山公園にのびる尾根は岩原郷と西山郷の境界線であった。また、西坂公園のあたりは上長崎村船津郷であった。

　1889（明治22）年と1898（明治31）年にわけて船津郷の全部と岩原郷・西山郷のうち標高のひくい部分が長崎市にくみこまれ、1913（大正2）年にそれぞれ、西坂町・立山町・西山町（および上西山町）になり、岩原郷の一部は、西上町・下筑後町・上筑後町にくみこまれた。

　これらは、江戸時代からの歴史ある町や、もと馬込郷の浜平町・御船蔵町などとあわせて、1963（昭和38）年以降の町名町界変更で境界線がかわり、あたらしい町もできた。

### 西坂国民学校

　西坂小学校は、1919（大正8）年にできた西坂尋常小学校がもとになっている。これが1922（大正11）年に西坂尋常高等小学校となり、1941（昭和16）年に西坂国民学校となった。

　原爆で校舎が全焼したため、戦後の授業は諏訪神社や西勝寺でおこなわれた。1947（昭和22）年に西坂小学校となり、その後、やけ跡に鉄筋コンクリートの現校舎ができた。

### 真宗大谷派長崎教務所

　いまの西坂公園が二十六聖人殉教地であるとされたのは戦後のことで、それ以前は真宗大谷派長崎教務所西坂説教所があった【2-063】。

原爆で大破し、まわりを火にかこまれながら、奇跡的にもえなかった。

戦後、下筑後町のいまの場所にうつった。

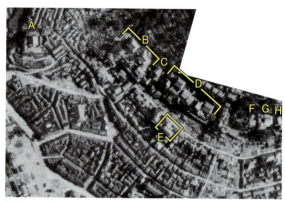

【2-063】西坂町〜上筑後町のお寺（1945年8月7日）　A：真宗大谷派長崎教務所　B：本蓮寺　C：聖無動寺　D：福済寺　E：法泉寺　F：霊鷲庵　G：勧善寺　H：聖福寺（一部）　撮影／アメリカ軍　所蔵／アメリカ国立公文書館　提供／長崎原爆資料館　1-243NP-1-006・1-243NP-1-007

### 本蓮寺

　本蓮寺（日蓮宗）【2-063】は1620（元和6）年にいまの場所にできた。もともとキリスト教の病院や教会があったところで、これらは1614（慶長19）年にだされた禁教令により、とりこわされた。大戦末期には三菱兵器西上寮となっていた。

　原爆のときは長崎駅のほうからひろがってきた火事により、全焼した。

　戦後、本堂は再建されたものの、山門は再建されず、土台の石がそのままのこっている。

### 福済寺

　福済寺【2-063】は1628（寛永5）年にできた黄檗宗のお寺で、国宝になっていた。大戦末期には木船海運協会長崎支部の事務所が入っていた。

　本蓮寺とおなじように原爆による火事がひろがってきて全焼し、戦後はまったくあたらしい

かたちの建物ができた。

## 法泉寺

福済寺の下には法泉寺という浄土宗のお寺があった。これは1621（元和7）年にできた瑞巖寺がはじまりで、18世紀後半に法泉寺と名まえがかわった。大戦末期には三菱兵器下筑後寮となっていた。

原爆のときは本蓮寺や福済寺とおなじようにもえひろがってきた火事によって全焼した。戦後、再建され、1982（昭和57）年、三原町のいまの場所にうつった。

## 勧善寺

勧善寺【2-063】は1626（寛永3）年にできたお寺で、もとは浄土真宗東本願寺派（いまの大谷派）であった。1671（寛文11）年、上筑後町（いまの場所）にうつり、1722（享保7）年、西本願寺派（いまの本願寺派）にかわった。大戦末期には三菱兵器上筑後寮となっていた。

原爆による火事は西中町・西上町・下筑後町全体にひろがり、強制疎開地でへだてられた上筑後町では火の粉がふりそそいだものの、防火につとめた結果、もえずにすんだ。

## 長崎地区憲兵隊本部

いまの日本銀行長崎支店の場所には長崎地区憲兵隊本部があった【2-064】。

ここは1897（明治30）年にできた長崎商品陳列所があったところで、のちに長崎商工奨励館と名まえをかえ、さらに1941（昭和16）年に長崎市立博物館となった。1944（昭和19）年6月から1945（昭和20）年4月まで市役所の戸籍課・兵事厚生課（1945年3月から兵事課と厚生課）となり、7月ごろ西坂町から憲兵隊本部がうつってきた。

戦後はふたたび市立博物館にもどったものの、1949（昭和24）年に日本銀行支店となり、博物館は馬町の山野辺邸跡（現・市民活動センター「ランタナ」）にうつった。

【2-064】長崎地区憲兵隊本部（1945年8月10日）　炉粕町　撮影／山端庸介

## 警察練習所・防空本部

長崎歴史文化博物館の場所には警察練習所（いまの警察学校）があった。ここは江戸時代に長崎奉行立山役所と岩原目付屋敷だったところである。

1868（慶応4）年、長崎奉行がいなくなったあとに広運館（長崎商業高等学校のはじまり）となり、その年に長崎府庁、1870（明治3）年に長崎県庁となった。1873（明治6）年にはふたたび広運学校（もと広運館）となったあと、めまぐるしく学校がうつりかわった。

1926（大正15）年、外浦町から巡査教習所がうつってきて、1935（昭和10）年に警察練習所と名まえがかわった。さらに1942（昭和17）年、そのなかに警察部防空学校ができた。また、大戦末期には岩原目付屋敷跡の東のがけに大がかりな防空壕がほられ、そのなかに長崎県防空本部がおかれた。

このあたりは原爆でもそれほど被害がなかったため、1946（昭和21）年、長崎県警察部がうつってきて、さらに1947（昭和22）年には仮の長崎県庁となった。1950（昭和25）年、原因不明の火事でこれらが全焼し、その年に復旧した。1953（昭和28）年、県庁が外浦町にうつり、1965（昭和40）年に県立美術博物館となった。これは2003年にとりこわされ、2005年に長崎歴史文化博物館ができた。

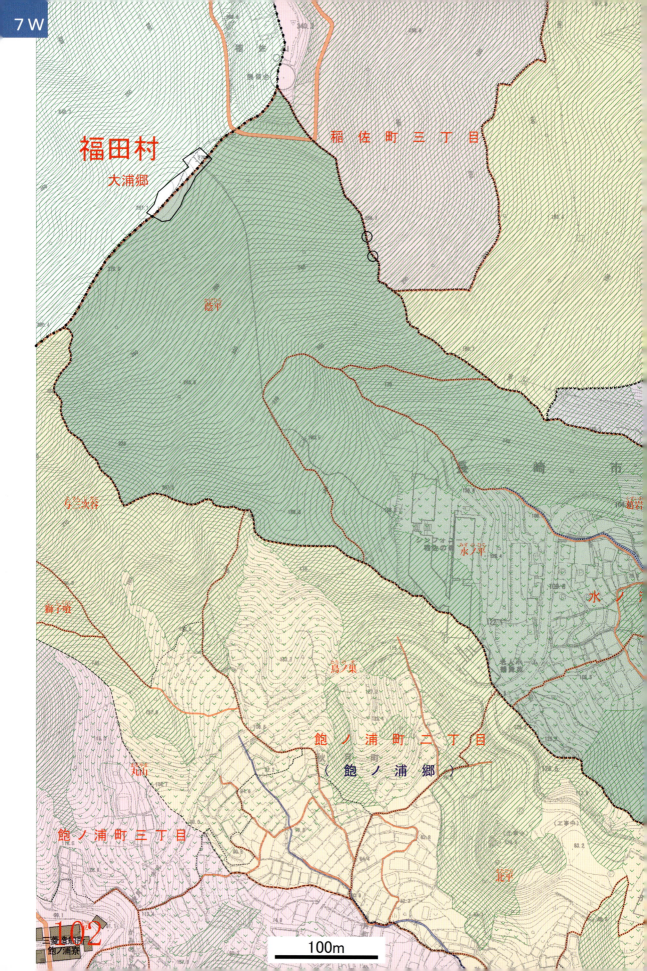

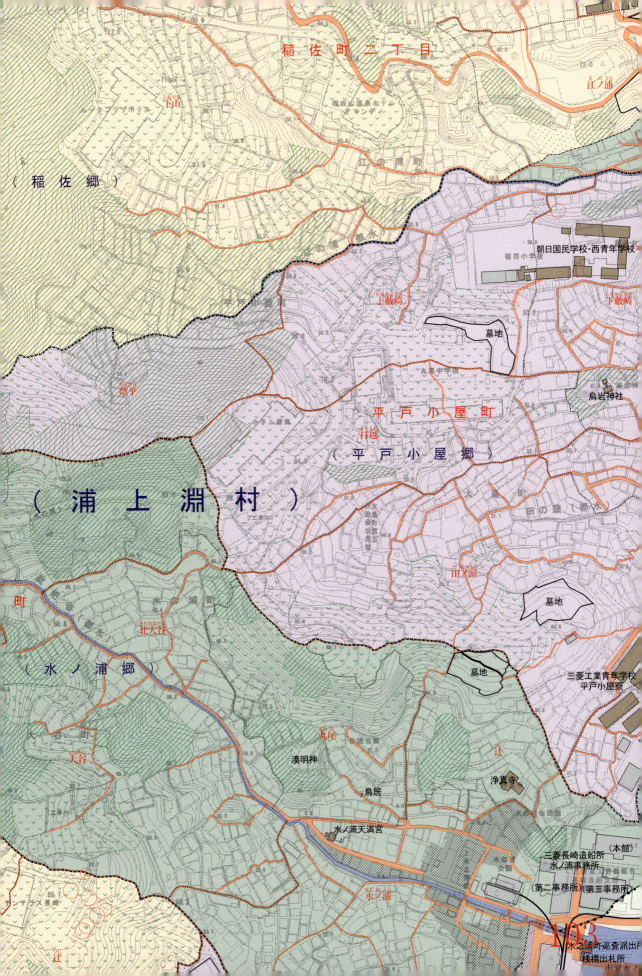

第2章 地図帳・24区分の詳細

⑲ 7W 稲佐山南東斜面

# 飽の浦の三菱の施設は戦後、占領軍の本部に

### 平戸小屋郷・水ノ浦郷・飽ノ浦郷

　稲佐山山頂の南西にのびる尾根の西は福田村で、東は浦上淵村であった。また、南東にのびる尾根の北は稲佐郷・平戸小屋郷、南は水ノ浦郷で、さらにその南西がわは飽ノ浦郷であった。

　これらの郷は1898（明治31）年、長崎市にくみこまれ、1913（大正2）年に稲佐町一〜三丁目・平戸小屋町・水ノ浦町・飽ノ浦町一〜四丁目になった。戦後は1965（昭和40）年の町名町界変更でこまかくわけられた。

### 朝日国民学校

【2-065】朝日国民学校（1945年11月19日）　平戸小屋町　左上すみのたいらなところは現・丸尾中学校　撮影／アメリカ軍　所蔵／アメリカ国立公文書館

　いまの朝日小学校は1917（大正6）年にできた朝日尋常小学校がもとになっている。1921（大正10）年に朝日尋常高等小学校となったあと、1940（昭和15）年に淵高等小学校（いまの淵中学校）ができて高等科がこれにうつったため、朝日尋常小学校にもどり、1941（昭和16）年、朝日国民学校となった。1945（昭和20）年7月31日の第4次空襲の爆弾とその後の原爆で校舎が大破した

【2-065】。

　戦後は1947（昭和22）年に朝日小学校となって、いまにつづいている。

### 三菱造船所水ノ浦事務所

　三菱重工労働組合の建物や現・重工記念病院のあたりには三菱長崎造船所の水ノ浦事務所があった。いまの重工記念病院の場所に第三事務所、そのうらに本館があった。また、三菱重工労働組合の場所に第二事務所、道路をはさんでその南に第一事務所があった。

　戦後、第三事務所の建物はアメリカ占領軍に

【2-066】三菱長崎造船所水ノ浦事務所（1945年11月19日）　現・丸尾町・水の浦町・飽の浦町　A：本館　B：第一事務所　C：第二事務所　D：第三事務所　E：実験場　撮影／アメリカ軍　所蔵／アメリカ国立公文書館

よって強制的にとりあげられ、長崎での占領軍本部になった。アメリカ軍が去ったあとは三菱研究所となって、旧・水ノ浦事務所の建物のなかで最後までのこり、2017年にとりこわされた。その跡から、アメリカ軍がおとしたとみられる500kg爆弾の不発弾がみつかり、信管をぬきとるときに半径500m以内の人を避難させるなど大さわぎになった。

# ふるい川の痕跡

かつて浦上川やその支流はいまとちがう場所にあった。川のながれは19世紀か、そのまえから人の手によってつくりかえられており、その痕跡は大戦末期の地図にもあらわれている。

32ページと56〜57ページで紹介したように岩屋川は赤迫のあたりから、いまの国道206号線ちかくをまがりくねってながれており、1885（明治18）年当時は岩屋橋のあたりから南西にすすんで下大橋のちかくで油木川と合流したあと、浦上川本流にそそいでいた。

岩屋川が岩屋橋のあたりで浦上川に合流させられたのは1901（明治34）年以前である。また、椎立川との合流点【2-067】はもともと鉄道の西（A）にあったものが、鉄道をつくるときに東（B）にうつされている。西郷と大橋町（旧・家野郷）の境界は、もとの岩屋川のなごりである。

【2-067】岩屋川と椎立川の合流点
A：もとの合流点　B：鉄道ができたあとの合流点　矢印はもとのながれ

油木川合流点のあたり【2-068】では大戦のころに湿地がうめたてられ、川が直線につくりかえられたと考えられる。うめたて地のうえに朝鮮人の徴用工宿舎や飯場、長崎電気軌道の寮といったものがある以外に建物がなく、あれ地がめだつからである（56ページ【2-023】）。

八幡城と下屋敷の字ざかいはもとの油木川のなごりであり、大橋町（旧・家野郷）と西郷の境界、さらに浦上川ちかくの大橋町と城山町一丁目（旧・寺野郷）の境界はもとの岩屋川のなごりである【2-068】。

【2-069】浦上川と城山川のもとのながれ　右がわのひろい線は浦上川（場所の誤差が大きいので注意）、左の点線は城山川

駒場町のあたり【2-069】では川の東岸（いまの松山町）に寺野郷の飛地で簗という字があった。1885（明治18）年ごろ、浦上山里村と浦上淵村の境界は浦上川（当時の名まえは梁川）だったので、そのころ浦上川本流がいまの市民プールから陸上競技場をつきぬけてながれていたと考えられる。

いっぽう城山川は、1920（大正9）年から城山市営住宅（56ページ）が造成されたことにより、ふたつの区間で道路に平行な直線のながれにかえられた。前田と辻ノ下・西ノ町とのあいだの字ざかいがもとの川のなごりである。城山川は戦後の区画整理により、南一条のながれが南二条につけかえられて、さらに直線化され、市営住宅より上流の部分もつけかえられた。

【2-068】岩屋川と油木川の合流点　C：もとの岩屋川　D：もとの油木川
E：もとの岩屋川（合流したあと）

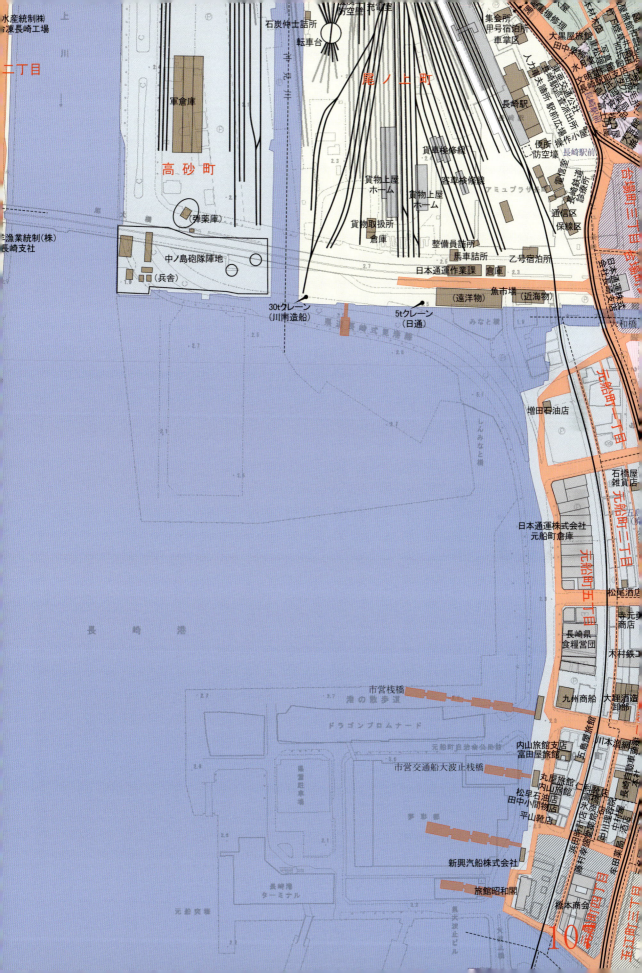

第 2 章　地図帳・24 区分の詳細

## ⑳ 7 M　長崎港奥周辺・旭町・丸尾町

# 魚市場のとなりに中ノ島高射砲陣地

### 長崎港のうめたて地

　いまの旭町・丸尾町の海岸は 1904（明治 37）年にできたうめたて地で、旭町二・三丁目、丸尾町・外浪町・大鳥町であった。また、稲佐郷の南にあった舟津浦が 1898（明治 31）年に長崎市にくみこまれ、1913（大正 2）年に町名がつけられて旭町四丁目となった。

　これらの町は 1965（昭和 40）年の町名町界変更で、町の境界線が大きくかわり、とくに大鳥町はまったくべつの町となった。また、外浪町は消滅した。

### 悟真寺と外人墓地

　悟真寺は、キリスト教がさかんだった 1598（慶長 3）年にできた浄土宗のお寺である。江戸時代からつづく中国人墓地・オランダ人墓地、幕末の開港後できたロシア人墓地などがあつまった稲佐悟真寺国際墓地が境内にあり、すくなくとも 1970 年ごろまで「外人墓地」とよばれていた【2-070】。ロシア人墓地にはキリスト教（正教会）の礼拝堂がいまもある。

　墓地には原爆よりもまえの空襲で爆弾が何個もおちて大きなクレーターができた。さらに原爆でお寺の建物が大破した。いまの本堂は戦後にたてられたものである。

### 帝国水産・西大洋漁業

　旭町には漁業関係の会社があつまっていた。そのなかでとくに大きいのが帝国水産統制株式会社と西大洋漁業統制株式会社である。これらは大戦中に国の水産統制令によりつくられた。

　帝国水産はたくさんの会社がもとになり、1942（昭和 17）年につくられた。工場は旭町一丁目（九州配電長崎火力発電所のとなり）の稲佐製氷工場、旭町二丁目の長崎冷凍長崎工場【2-071】、旭町三丁目の長崎冷凍旭工場の 3 つであった。帝国水産は 1945（昭和 20）年 12 月に日本冷蔵株式会社となり、1985（昭和 60）年に

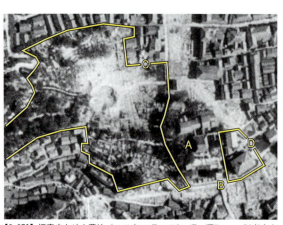

【2-070】悟真寺と外人墓地（1945 年 8 月 7 日）　現・曙町　A：悟真寺本堂　B：山門　C：外人墓地　D：稲佐警察署　爆弾によるクレーターが墓地の中央にいくつもみえる。　撮影／アメリカ軍　所蔵／アメリカ国立公文書館　提供／長崎原爆資料館　1-243NP-1-007

【2-071】大破した帝国水産長崎冷凍長崎工場（原爆投下後 1945 年 9 月 5 日以前）　現・ニチレイ長崎物流センター　撮影／アメリカ軍　所蔵／アメリカ国立公文書館　提供／長崎原爆資料館　6-45-05-00-0018

株式会社ニチレイと名まえをかえた。長崎工場の跡はいまニチレイの物流センターとなっている。

西大洋漁業は1924(大正13)年にできた林兼商店を中心にして、1943(昭和18)年につくられた。長崎支社は、いまの旭大橋の西のつけ根にあった。西大洋漁業は1945(昭和20)年12月に大洋漁業株式会社、1993年にマルハ株式会社となり、2007年にニチロ(旧・日魯漁業)と合併してマルハニチロとなった。

## 水産試験場

いまのエレナ稲佐店・十八銀行稲佐支店の場所には長崎県水産試験場があった【2-072】。これは1900(明治33)年に深堀村につくられ、1903(明治36)年に北松浦郡平戸村にうつり、1908(明治41)年に水産講習所があわせてつくられた。これらは1911(明治44)年に長崎市の諏訪公園内にうつり、1914(大正3)年に丸尾町にうつってきた。その後、1935(昭和10)年、水産講習所が県立水産学校となって、1937(昭和12)年に土井ノ首村にうつった。

水産学校は1948(昭和23)年に長崎水産高等学校となり、1970(昭和45)に末石町にうつり、2006年に長崎鶴洋高等学校となった。

水産試験場は1961(昭和36)年に松ヶ枝町にうつり、さらに1997年に多以良町にうつって長崎県総合水産試験場となった。

## 長崎魚市場

いまのアミュプラザの南、道路と川のあいだに長崎魚市場があった【2-073】。長崎の魚市場は江戸時代の金屋町にできたのがはじまりで、今魚町をへて、1830(天保元)年に材木町にうつった。さらに1873(明治6)年、万屋町にも魚市場ができて1909(明治42)年まで材木町と対立し、その後、あらためて長崎魚類共同販売所が材木町につくられた。

いっぽう1904(明治37)年に長崎港のうめたて地が完成すると尾ノ上町で自然発生的に魚の水あげがはじまり、魚市場のようになっていった。ここに1912(明治45)年、市営魚類集散場がつくられ、翌年、魚市場がうつってきた。

原爆によって、西の建物(遠洋物)はもえてしまい、東の建物(近海物)は爆風でつぶれてしまった。市場は戦後たてなおされたあと、1961(昭和36)年、あたらしくできた中ノ島突堤にうつった。さらに1989年、新長崎漁港にうつって、いまにつづいている。

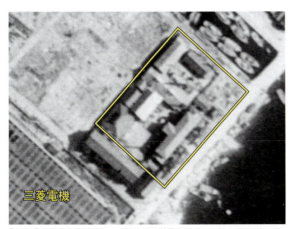

【2-072】長崎県水産試験場と長崎漁業無線電信局(1945年8月7日) 現・丸尾町 四角わくにかこまれたところ その左上は強制疎開地で、戦後に丸尾中学校がたてられた。左下の三菱電機の場所には1942年まで長崎要塞司令部があった。 撮影/アメリカ軍 所蔵/アメリカ国立公文書館 提供/長崎原爆資料館 1-243NP-1-006

【2-073】長崎魚市場(1945年8月7日) 現・尾上町 A:遠洋物 B:近海物 撮影/アメリカ軍 所蔵/アメリカ国立公文書館 提供/長崎原爆資料館 1-243NP-1-007

## 中ノ島高射砲陣地

長崎駅の西(中ノ島)には中ノ島砲隊陣地があり、ふたつの高射砲がすわっていた(97ページ)。

第 2 章　地図帳・24 区分の詳細

## ㉑ 7E　旧市街地北部

# 新興善・勝山・磨屋、3つの国民学校の運命

### 江戸時代からつづく町

　中島川の両岸やその西の丘は江戸時代からつづく長崎の旧市街地である。また、1904（明治37）年に長崎港のうめたて地が完成し、海ぞいにあらたな町ができた。いくつかの町がまとめられたり、名まえがかわったりした以外、ほとんどの町は戦後までおなじ姿でつづいた。

　これらは 1963（昭和 38）年以降の町名町界変更によって、べつものになった。それでもごく一部はむかしの姿をとどめ、また、ふたつの旧町が 2007 年に復活した。

### 国道ぞいの神社・教会・旅館・病院

　いまの国道 34 号線（当時の 25 国道）ぞいにはいろいろなものがあった。大村町大神宮（大村町）・稲荷神社（豊後町）、坂ノ上天満宮（本博多町うらどおり）といった神社や、長崎馬町教会（馬町）・長崎勝山教会（勝山町）・長崎聖三一教会（大村町）といった教会があった。

　また、上野屋旅館・福島屋旅館（大村町）・土佐屋旅館（本博多町）といった旅館、佐藤内科病院（外浦町）・中村病院（大村町）といった病院もあった。

　これらのおおくは原爆の火事で全焼し、そのままきえてしまったり、戦後の区画整理で土地がせまくなったため、ほかの場所にうつったりした。

　大村町大神宮は眼鏡橋のそばにうつり、長崎大神宮と名まえをかえている。坂ノ上天満宮は中央公園のちかくにうつっている。

　稲荷神社や教会もそれぞれ、あたらしい場所をもとめている。しかし、長崎馬町教会だけは原爆で大破しながらも土地をとられることがなかったため、いまもおなじ場所にある。

### 新興善国民学校

　新興善国民学校は 1874（明治 7）年にできた興善小学校がもとになっている。鉄筋コンクリート校舎【2-074】は 1936（昭和 11）年にできた。1941（昭和 16）年、戦時体制で新興善国民学校になり、大戦末期には市役所の戸籍課と兵事課および厚生課があった。

【2-074】新興善国民学校（1945 年 11 月 19 日）　現・長崎市立図書館
まわりは一面のやけ跡になっている。　撮影／アメリカ軍　所蔵／アメリカ国立公文書館

　原爆のさいは南からひろがってきた火にまわりをとりかこまれたものの、もえずにすんだ。

　1947（昭和 22）年に新興善小学校となり、1997 年に廃校となった。校舎は 2004 年にとりこわされた。

### 勝山国民学校

　勝山国民学校は 1873（明治 6）年にできた第一番小学向明学校がもとになっている。鉄筋コンクリートの校舎【2-075】は 1936（昭和 11）

年にできた。1941（昭和16）年、勝山国民学校となり、大戦末期には長崎県警察部があった。

【2-075】勝山国民学校（1945年11月19日）　現・桜町小学校　撮影／アメリカ軍　所蔵／アメリカ国立公文書館

　1947（昭和22）年に勝山小学校となり、1997年に廃校となった。校舎は新設の桜町小学校がつかったあと、2000年にとりこわされた。

### 磨屋国民学校

　磨屋国民学校は1873（明治6）年にできた第二番小学啓蒙学校がもとになっている。鉄筋コンクリートの校舎【2-076】ができたのは1927（昭和2）年である。1941（昭和16）年、磨屋国民学校にかわり、大戦末期は救護所となった。

【2-076】磨屋国民学校（1945年11月19日）　現・諏訪小学校　撮影／アメリカ軍　所蔵／アメリカ国立公文書館

　1947（昭和22）年に磨屋小学校となり、1997年に廃校となって、校舎もとりこわされた。

### 長崎女子商業学校

　長崎女子商業学校【2-077】は1925（大正14）年にできた長崎商業女学校がもとになっていて、1936（昭和11）年、新町にうつってきた。

【2-077】長崎女子商業学校（1945年8月7日）　現・長崎腎病院　中央やや右が長崎女子商業学校、左上のすみは新興善国民学校運動場　撮影／アメリカ軍　所蔵／アメリカ国立公文書館　提供／長崎原爆資料館　1-243NP-1-006

　原爆の火事で全焼し、戦後しばらくほかの場所をかりたあと、1947（昭和22）年に酒屋町（いまの長崎女子商業高等学校の場所）にうつり、その翌年に高等学校となった。

### 長崎地方裁判所・長崎控訴院

　第二次大戦まえから長崎地方裁判所はいまとおなじ場所にある。また、いまの長崎地方検察庁の場所には長崎控訴院があった。こちらは原爆の1週間まえ、1945（昭和20）年8月1日に福岡にうつり、戦後は福岡高等裁判所になった。

　これらの建物は原爆の火事で全焼し、もえている材木がおちて本下町に火がうつった。

### 九州配電長崎支店

　いまのコナミスポーツクラブ長崎の北がわには九州配電株式会社長崎支店があった。これは、1941（昭和16）年に袋町からうつってきた東邦電力株式会社長崎支店が、翌年に国の命令で九州配電にひきつがれたものである。原爆のときは北からひろがってきた火事がせまりながら、けんめいの消火活動によって、もえずにすんだ。

　建物は1951（昭和26）年に九州電力長崎支店となって戦後もながくのこったものの、1990年代にとりこわされた。

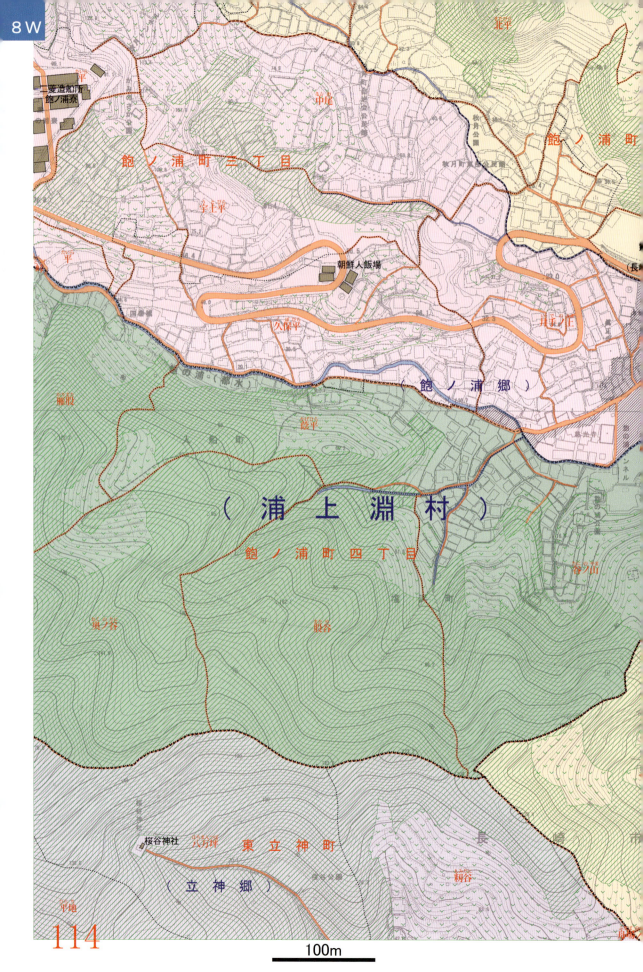

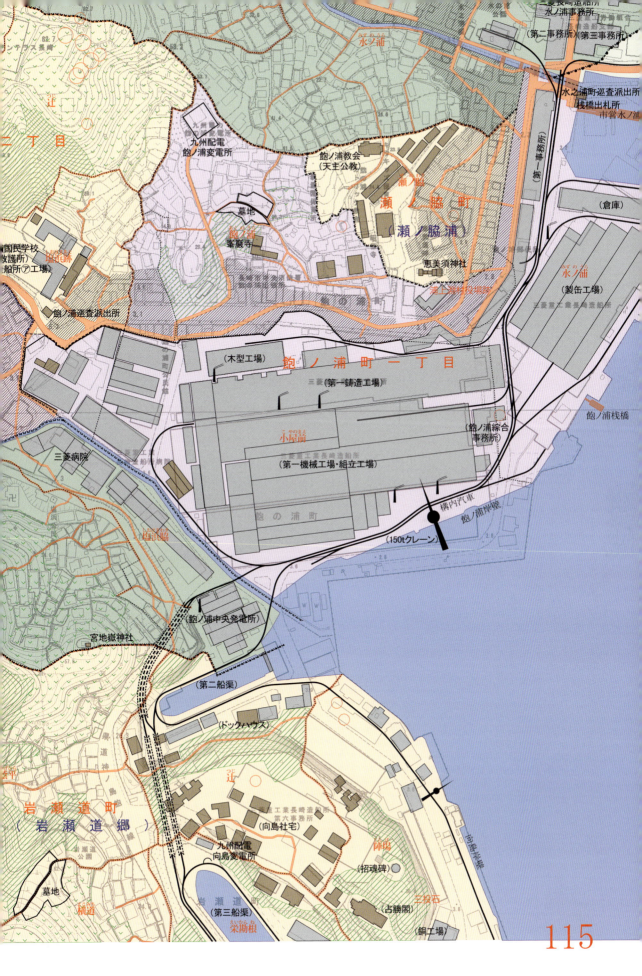

## ㉒ 8W　飽ノ浦町付近

# 三菱長崎造船所は「構内汽車」ですみずみまで

### 瀬ノ脇浦・岩瀬道郷・立神郷

　浦上淵村飽ノ浦郷のまわりには瀬ノ脇浦・岩瀬道郷・立神郷があり、尾根によってわけられていた。これらはほかの郷とおなじように1898（明治31）年に長崎市にくみこまれ、1913（大正2）年にそれぞれ、瀬ノ脇町・岩瀬道町・東立神町・西立神町となった。

　飽ノ浦町一〜四丁目と瀬ノ脇町が1965（昭和40）年の町名町界変更で飽の浦町・秋月町・入船町・塩浜町にわかれたほかは、もとの町のままである。そのうち塩浜町は「塩浜脇」という字の名まえがもとになっている。

### 三菱長崎造船所

　大戦中、水ノ浦町から西泊町の海岸はいまとおなじように三菱重工業長崎造船所になっていた。造船所では原爆まえの8月1日、大量の爆弾によって、100人以上が殺され、建物にも壊滅的な被害があった（第5次空襲）。いっぽうで原爆の被害は、爆心地から離れていたため、めだたなかった。

### 飽ノ浦中央発電所

　造船所には発電所【2-078】があった。場所はいまの塩浜町の東のはしの道路下である。これは1897（明治30）年につくられたもので、すくなくとも1966（昭和41）年まで大きな煙突がたっていた。

### 構内汽車

【2-079】三菱長崎造船所内の鉄道（1945年9月23日）　左下に複線の線路がみえる。左のこわれた建物は飽ノ浦綜合事務所　奥は製缶工場　どちらも8月1日の第5次空襲で壊滅した。　撮影／アメリカ軍　所蔵／アメリカ国立公文書館　提供／長崎原爆資料館 6-43-01-15-0005

　造船所のなかには「構内汽車」とよばれる鉄道【2-079】があって、すみずみまで線路が走り、北は三菱電機につながっていた。レールのあいだの幅は国有鉄道とおなじ1067mmであった。中央発電所と第二船渠のあいだ、第二船渠と第三船渠のあいだにはそれぞれトンネルがあって、そのなかを線路がとおっていた。

　構内汽車はきまった時刻に運転され、人や資材をはこんでいた。しかし、1952（昭和27）年

【2-078】飽ノ浦中央発電所（1945年11月19日）　中央にみえる煙突の下の建物が発電所、その左は第二船渠、右上すみの洋風の建物は三菱病院である。　撮影／アメリカ軍　所蔵／アメリカ国立公文書館

に廃止され、トンネルは車道や歩道として、いまもつかわれている。

## 三菱病院

いまの飽の浦交差点から塩浜町にむかう坂の下には三菱病院【2-078】があった。これは中央発電所とおなじ1897（明治30）年につくられ、1918（大正7）年にレンガづくりとなった。

原爆のときは被害が小さかったので、戦後もそのままつかわれ、1974（昭和49）年ごろ鉄筋コンクリートの建物にかわった。さらに2016年に造船所から独立して重工記念長崎病院となり、2020年、三菱研究所（もとは水ノ浦第三事務所・104ページ）の跡にうつった。

## 向島社宅・三投石・機銃陣地

第二船渠と第三船渠のあいだの丘は向島【2-080】とよばれ、造船所の社宅がたくさんたっていた。ちかごろ人気の占勝閣も、もとをたどれば造船所の所長宅だった。

【2-080】向島（1945年11月19日） 丘の上にみえるたくさんの建物が造船所の社宅　A：占勝閣　B：三投石のおおよその場所　C：機銃陣地　撮影／アメリカ軍　所蔵／アメリカ国立公文書館

向島のさきのほうはもともと断崖が海におちこんでいて、江戸時代から「三投石（身投石）」とよばれ、岩に穴があいた「石背洞」とともに観光地になっていた。造船所ができたあと、ふつうの人はちかよれなくなり、わすれられてしまった。

大戦末期には占勝閣の下に機銃陣地があったようである。写真をみるとクレーターのようなものが5つあって機関銃のようなものがうつっている。

社宅のあつまりは第5次空襲で被害をうけたあと、戦後に再建された。しかし、1974（昭和49）年ごろとりこわされ、そのあとに長崎造船所本館がつくられた。

## 飽浦国民学校

飽浦国民学校は1875（明治8）年の長崎飽浦小学校がもとになっている。1882（明治15）年になると淵神社のなかに淵小学校ができて、飽浦小学校はこれにまとめられた。しかし、1895（明治28）年、淵小学校は稲佐小学校と飽浦小学校にわかれた。

1896（明治29）年、飽浦小学校はいまの場所にうつってきて、1930（昭和5）年に鉄筋コンクリートの校舎ができた。そして、1941（昭和16）年、飽浦国民学校となった。大戦末期には

【2-081】飽浦国民学校（1945年11月19日） 鉄筋コンクリート校舎の手まえに木造校舎がみえる。撮影／アメリカ軍　所蔵／アメリカ国立公文書館

長崎造船所の疎開工場となり、暗号で⑦工場とよばれていた【2-081】。第5次空襲や原爆で大きな被害はなかった。

1947（昭和22）年に飽浦小学校となって、校舎は戦後も半世紀ちかくつかわれ、1993年にとりこわされた。

第2章　地図帳・24区分の詳細

㉓ 8M　羽衣町・常盤町

# 出島ワーフは旧羽衣町・水辺の森公園は埋立地

## 出島岸壁づくりでできた町

いまの出島ワーフのあたりは1924（大正13）年にできたうめたて地で、羽衣町三丁目と名づけられた。また、大波止の海岸でもあらたなうめたて地が1927（昭和2）年に完成して、元船町五丁目となった。

戦後の町名町界変更によって、羽衣町三丁目は1964（昭和39）年に出島町の一部となり、元船町五丁目は1973（昭和48）年に元船町の一部となった。

## 長崎港駅と日華連絡船発着所

羽衣町の海岸は出島岸壁とよばれ、1923（大正12）年から日華連絡船（長崎丸と上海丸）が上海と行き来するようになった（上海航路）。連絡船待合所の玄関はいまの長崎県美術館のすぐ北にある交差点の中心にあった。

1930（昭和5）年には長崎駅から鉄道がのばされ、長崎港駅ができた【2-082】。これにより、鉄道と連絡船の、のりつぎができるようになった。さらに1930（昭和15）年には連絡船に神戸丸がくわわった。

しかし、1942（昭和17）年、長崎丸が伊王島沖で日本軍の機雷にふれて沈没、その年に神戸丸が上海沖でおなじ会社の貨物船と衝突して沈没、翌年には上海丸が上海沖で日本の兵員輸送船と衝突して沈没した。これにより、上海航路はなくなり、駅もいったん役割をおえた。

戦後、長崎港駅は貨物駅となって、いちどは大浦まで線路がのびたものの、1982（昭和57）年からつかわれなくなり、1987（昭和62）年に廃止された。連絡船待合所は1948（昭和23）年から1956（昭和31）年のあいだにとりこわされた。

いま、長崎駅から中島川までの線路の跡は遊歩道となっている。また、中島川の南がわの踏

【2-082】出島岸壁（1945年11月19日）　A：連絡船待合所　B：長崎港駅　C：九州運輸局長崎支局　撮影／アメリカ軍　所蔵／アメリカ国立公文書館

【2-083】中島川鉄橋あたりの線路跡（2013年6月15日）　手まえが踏切跡で、蒸気機関車の動輪がおかれている。むこう岸の階段のようなものが鉄橋の橋台、その奥の街路樹の右がわが線路跡の遊歩道である。

切の跡にはレールがのこされ、蒸気機関車の動輪がのせられてモニュメントになっている。中島川鉄橋はとりこわされ、両岸の橋台だけが の

こっている【2-083】。

## 九州運輸局長崎支局（長崎税関）

連絡船待合所にむかう道路の入口には九州運輸局長崎支局があった。これは「長崎税関」として知られているもので、1859（安政6）年にできた湊会所がもとになっている。これが1863（文久3）年に長崎運上所となり、さらに1872（明治5）年に長崎税関となった。そして上海航路ができたあとの1928（昭和3）年、いまの場所にうつってきた【2-084】。

【2-084】長崎税関（原爆投下まえ）　建物のかべに迷彩がなく、まわりに人力車がたくさんうつっているので、太平洋戦争がはじまるまえの写真と考えられる。　絵はがきより

1943（昭和18）年、税関が廃止され、建物はそのままで門司海運局長崎支局にまとめられた。大戦末期には九州運輸局長崎支局という名まえになり、海軍事務所がはいっていた。

戦後アメリカ軍の司令部としてつかわれたあと、1946（昭和21）年に門司税関長崎支署となり、1953（昭和28）年に長崎税関として復活した。建物は1969（昭和44）年にたてかえられた。

## 三菱会館

長崎税関の北には三菱会館【2-085】があった。これは1938（昭和13）年に三菱関係の人の娯楽のためにつくられた劇場で、戦後は1945（昭和20）年から1947（昭和22）年までアメリカ軍によって強制的にとりあげられた。

原爆の火事で、袋町にあった長崎市公会堂がもえてしまったため、1962（昭和37）年にあたらしい公会堂が本大工町にできるまで三菱会館がその役目をはたした。

【2-085】三菱会館（1945年9月23日）　画面右半分の建物が三菱会館で、いちばん奥の黒っぽい建物は九州運輸局長崎支局である。　撮影／アメリカ軍　所蔵／アメリカ国立公文書館　提供／長崎原爆資料館 6-39-00-00-0023

## 目かくし倉庫

旧長崎英国領事館のまえには「目かくし倉庫」（正式には長崎市営常盤町倉庫）とよばれる建物があった【2-086】。これは長崎造船所で戦艦「武蔵」をつくるときに、これをかくす目的で1940（昭和15）年につくられた。倉庫といっても中はからっぽであった。これは1962（昭和37）年、道路をひろげる工事のためにとりこわされた。

【2-086】目かくし倉庫（1945年9月24日）　左の建物が「目かくし倉庫」である。右の鉄柱のむこうに旧英国領事館がみえる。撮影／アメリカ軍　所蔵／アメリカ国立公文書館　提供／長崎原爆資料館 6-43-01-00-0008

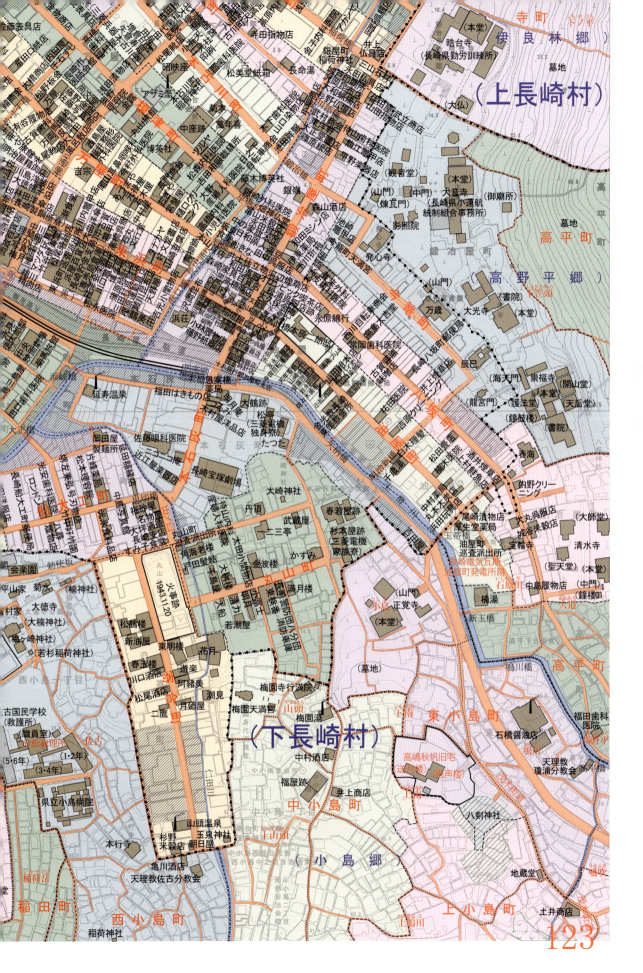

第2章　地図帳・24区分の詳細

## ㉔ 8E　旧市街地南部

# 大戦末期は築町市場が避難所に

### 旧市街地・長崎村・居留地・うめたて地

　いまの浜町（公式には「はままち」というらしい。しかし、そのようによぶのはNHKぐらいである）や築町のまわりは江戸時代からつづく旧市街地で、江戸時代の町がほとんどそのままつづいていた。

　その東から南にかけては上長崎村の伊良林郷と下長崎村の高野平郷、小島郷、十善寺郷、さらに戸町村の大浦郷だった。そのうち、大浦郷の海岸ちかくは1863（文久3）年に東山手町となった。そのほかは1889（明治22）年と1898（明治31）年の2回にわけて長崎市にくみこまれ、1913（大正2）年に町名がついた（高野平郷の一部は旧市街地の町にくみこまれた）。さらに1859（安政6）年からつくられたうめたて地が1863（文久3）年に梅ヶ崎町、常盤町、大浦町などになり、1904（明治37）年にできたうめたて地が羽衣町一・二丁目から入江町一〜三丁目になった。

　これらの町は1963（昭和38）年以降の町名町界変更で大きくかわり、きえてしまった町名もおおい。しかし、館内町など、ごく一部の町はもとのかたちがのこっている。

### 長崎県庁

　原爆投下時の長崎県庁は1911（明治44）年にできた。となりにあった県会議事堂はそのまえの年にできた。どちらもレンガづくり、石壁・銅板屋根の建物であった【2-087】。場所は16世紀の「岬の教会」やイエズス会本部、江戸時代の長崎奉行西役所の跡である。

　県庁本館は原爆の熱線をあびて出火し、議事堂とともに、かべと鉄骨をのこして全焼した。

【2-087】長崎県庁（原爆投下まえ・絵はがき）　左のほうが浜町、右のほうが大波止にあたる。2階の左のわたり廊下は県会議事堂につながっていた（このわたり廊下は原爆の火事のとき本館から議事堂への導火線となった）。　ブライアン・バークガフニ著『華の長崎』より

　戦後、勝山国民学校などが県庁の仮事務所となったあと、1947（昭和22）年に長崎奉行立山役所跡に仮庁舎がつくられ、1953（昭和28）年にもとの場所に鉄筋コンクリートの本庁舎ができた。

　2018年、県庁は長崎駅のちかくにうつり、それまでの建物は翌年とりこわされた。

### 公設市場と貯金支局

　いまの「メルカつきまち」の場所には「本下町公設中央市場」があった【2-088】。鉄筋コン

【2-088】本下町公設中央市場（原爆投下後）　現・メルカつきまち　手まえは中島川　撮影／小川虎彦　提供／長崎原爆資料館　6-05-01-00-0033

クリートの建物は1924（大正13）年につくられたものである。1階が食品売り場、2階が雑貨売り場、3階が事務所などになっていた。

大戦末期には魚が手に入らなくなり、魚店は休業したのとおなじになり、空襲のとき避難場所になっていた。また、2階には長崎貯金支局があった（その分館が浜屋百貨店の2階にあった）。

原爆の火事がせまりながら公設市場はもえずにすんだ。戦後もそのままつづき、町名町界変更後は築町市場とよばれた。建物は1989年にとりこわされた。

## 佐古国民学校

佐古国民学校は1906（明治39）年にできた佐古尋常高等小学校がもとになっている。大戦時には、1925（大正14）年にできた鉄筋コンクリート校舎（銭座国民学校の校舎とうりふたつ）とその前後にできた木造校舎があった【2-089】。

場所は長崎大学医学部のもとになった小島養

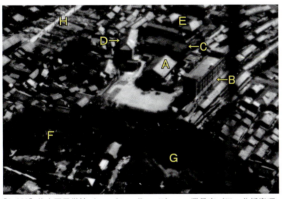

【2-089】佐古国民学校（1945年11月19日） A：職員室（旧・分析窮理所の建物） B-D：校舎 E：県立小島病院 F：大徳寺跡 G：大徳園 H：寄合町の強制疎開地 撮影／アメリカ軍 所蔵／アメリカ国立公文書館

生所の跡である。そのなかにあった分析窮理所の建物は学校の職員室としてつかわれたあと、1950（昭和25）年にとりこわされた。

木造校舎は1950（昭和25）年に改築されたあと、1970年代前半にとりこわされて新校舎におきかえられ、もとの鉄筋コンクリート校舎は1979（昭和54）年ごろにとりこわされた。佐古小学校は2016（平成28）年までつづいたあと廃校になった。

## 陸軍病院

いまの長崎みなとメディカル駐車場の場所に

【2-090】長崎慈恵病院（1945年11月28日）現・長崎みなとメディカル駐車場 太平洋戦争のあいだは小倉陸軍病院長崎分院であった。 撮影／アメリカ軍 所蔵／アメリカ国立公文書館 提供／長崎原爆資料館 6-43-01-00-0013

は小倉陸軍病院長崎分院があった【2-090】。

もとは南洋に移住する人のため1932（昭和7）年につくられた長崎移住教養所だったものが、1941（昭和16）年の太平洋戦争突入にともなって、陸軍病院にとってかわられた。

戦後、アメリカ軍にとりあげられたあと長崎慈恵病院となり、さらに1946（昭和21）年に日本医療団長崎中央病院となった。そして1948（昭和23）年、日本医療団がなくなったため、長崎市民病院となった。建物は1967（昭和42）年に増改築されたあと、1974（昭和49）年ごろとりこわされた。

## 映画館

大戦中にも娯楽としての映画は上映されていた。戦争をすすめるうえで役にたったからである。大戦末期には西浜町の電気館・喜楽館・富士館・第一映画劇場、銅座町の中央映画劇場、本古川町の昭映座、本石灰町の長崎宝塚劇場、要町の永久座などがあった。

長崎要塞第三地帯標第四十六号（2021年4月25日）　現・立山5丁目　長崎東高校から金比羅神社にむかう旧軍用道路（89ページ）の中ほどにある。長崎市による道路拡張工事がすすめられており、要塞地帯標は車道にかかるため、数メートル移動したところで保存される予定である。

長崎要塞第三地帯標第三十五号（2019年5月15日）　現・風頭町　大音寺と皓台寺のあいだにある「幣振り坂」をのぼり、墓地をとおりすぎて、住宅地にさしかかったところにある。

　要塞地帯だった長崎には、このような石柱がいたるところにあった。戦後、おおくがうしなわれたものの、郊外にはまだ、かなりの数がのこっている。

　1899（明治32年）につくられた要塞地帯法の第3条で、砲台など「防禦営造物」のまわりをむすんだ「基線」から250間（454.5m）以内が「第一区」、750間（1364m）以内が「第二区」、2250間（4091m）以内が「第三区」とされ、それぞれの区域ごとに、禁止・制限の内容がさだめられた。さらに、第三区の境界線から外側3500間（6363m）以内の測量や写真撮影、スケッチ、記録が禁止された。

　ここにしめす第三地帯標第四十六号（上）と第三十五号（左）はどちらも「立神北西方高地堡塁」から4.1kmの距離にある。

　要塞地帯法は1940（昭和15）年に「改正」され、第一区が基線から1000m以内、第二区が5000m、第三区が15000mと、面積にして10倍以上にひろげられ、長崎市と周囲の町村がきびしい統制下におかれた。

　長崎要塞については93ページを参照。

# 第3章

# 地図は語る―崩壊への道

　大戦中、世のなかはあらゆるものが戦争の目的に動員され、会社・学校はもちろんのこと、個人商店や家庭のすみずみまで強権国家の統制下におかれていた。1945年前半、原爆投下のまえから長崎のまちは崩壊の道をすすんでいた。これらのことは当時の地図のうえにも、目にみえるかたちで、おおくの痕跡をのこしている。

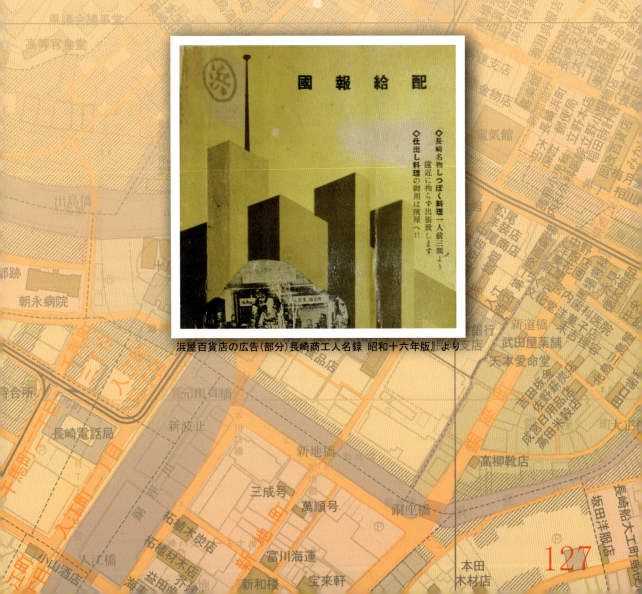

浜屋百貨店の広告（部分）『長崎商工人名録 昭和十六年版』より

# 第3章 地図は語る―崩壊への道

## ①軍事施設・軍需工場・三菱寮

## 長崎全体が兵器工場施設に結びつく要塞だった

### 軍事都市・長崎は要塞地帯

　第二次大戦がおわるまでの半世紀、長崎市は軍事都市であった。1899（明治32）年に要塞地帯法ができると同時に要塞地帯となり、きびしいとりしまりがおこなわれた（93ページ）。

　また、長崎の中心的な会社であった三菱の大工場（27ページ）は船や兵器をつくる軍需工場であり、ほかの中小工場もそのなかにくみこまれていた。

### 軍の建物・陣地

　軍は陸軍と海軍にわかれていた。

　要塞関係のとりしまりをおこなっていた長崎要塞司令部、軍人だけでなく市民にたいしても警察としてふるまっていた長崎地区憲兵隊本部（101ページ）は陸軍の一部であった。また、山のうえにおかれた高射砲陣地（65ページ）には陸軍の部隊がいた。

　いっぽう三菱の工場は軍艦や魚雷をつくっていたので、これをまもる機銃陣地（65ページ）は海軍に属していた。さらに、佐世保海軍警備隊長崎派遣隊が梅ヶ崎町（122ページ）におかれていた。

### 三菱城下町は浦上方面にも

　大戦末期には、造船所がある長崎港西岸だけでなく、浦上全体に工場・寮などがたちならび、いまとはくらべものにならない三菱城下町となっていた【3-001】。

　三菱の工場は都市計画できめられた工業地域の半分をしめていた（27ページ）ほか、空襲をさけるため、学校やトンネルなどに機械をうつ

【3-001】三菱関係の工場・寮など

して「疎開工場」をつくっていた。

　さらに、これらの工場で生産にあたらせるために各地から動員された人たちをすまわせる寮が、造船・兵器・製鋼・電機ごとに、いくつもつくられた。

### 疎開工場は学校敷地内にも

造船所の疎開工場は、戸町トンネル（⑥工場）、三菱工業青年学校（⑧工場）、淵国民学校（⑦工場）、市立高等女学校（⑦工場）、盲学校・聾唖学校（⑦工場）、飽浦国民学校（⑦工場）、長崎中学校（⑨工場）、小曽根町倉庫（⊜工場）におかれ、（　）内の暗号名でよばれた。

兵器製作所には、有名な住吉トンネル工場（東北郷、33ページ）のほか、半地下工場（家野郷、53ページ）、さらに市立商業学校（57ページ）の疎開工場があった。

そのほか、三菱電機が県立長崎高等女学校（25ページ）、鎮西学院中学校（72ページ）、淵国民学校（80ページ）、長崎経済専門学校（25ページ）、深堀天竜堂（松山町の製菓店、70ページ）に、製鋼所が鎮西学院中学校と銭座国民学校（84ページ）に疎開工場をおいていた。

### 大がかりな造船所の寮

造船所の寮はとくに大がかりで、飽ノ浦町三丁目の飽ノ浦寮、木鉢郷の木鉢寮、上郷の小ヶ倉寮、城山町二丁目の清明寮（57ページ）、駒場町の駒場男子寮・および女子寮など団地型のほか、遊郭（26ページ）の店をかりた稲佐寮・丸山寮もあった。いま爆心地として知られる場所も女子挺身隊の寮とするために三菱造船所が買いとった別荘であった。

### 兵器の寮はかりあげ型がおおい

兵器製作所の市内の寮は団地型のものとして、坂本町の山王寮（養成工と徴用工、85ページ）、西郷の西郷寮（学徒・徴用工、45ページ）、東北郷の住吉寮（女子工員・挺身隊）・浜口町の浦上寮（女子工員・挺身隊、73ページ）があった。

また、お寺などをかりた銭座町一丁目の銭座寮（聖徳寺・徴用工）、御船蔵町の御船蔵寮（天理教肥長大教会・徴用工）、西上町の西上寮（本蓮寺・徴用工）、上筑後町の上筑後寮（勧善寺・徴用工）、下筑後町の下筑後寮（法泉寺・徴用工）、今博多町の今博多寮（天理教長崎分教会・徴用工）、八幡町の第一八幡寮（料亭福盛・徴用工）、寺町の第二八幡寮（深崇寺・徴用工）、新橋町の第一新橋寮（料亭一力・徴用工）、第二新橋寮（料亭叶・徴用工家族面会所および無料宿泊所）、磨屋町の磨屋寮（林病院・学徒）、本古川町の本古川寮（扇一庵・学歴工）、上西山町の富貴寮（富貴楼・女子工員および挺身隊）、浜口町の清風寮（清風荘・職員）などがあった。

「徴用工」は政府の命令で強制的に動員された人たちで、日本人と朝鮮人がいた。「学徒」は学徒動員のことで中学校・高等女学校・実業学校またはそれ以上の学校の生徒・学生が県内外から学校ごと動員されたものである。「挺身隊」は女子挺身隊のことで徴用工とおなじように動員された女子である。

### 製鋼所と電機の寮

製鋼所の寮には団地型で城山町一丁目の至誠寮（68ページ）、大橋町の金剛寮のほか、東浜町の林田洋傘店をかりあげたものがあった。

三菱電機の寮では城山町一丁目の城山寮（68ページ）が団地型で、ほかに本石灰町の独身寮（料亭松亭）と丸山町の家族寮（杉本屋跡）があった。

### 病院と娯楽施設、学校

いまの重工記念病院の前身である三菱病院には造船所の中にあった本院（117ページ）のほか、茂里町の浦上分院（85ページ）と船津町の船津町分院があった。娯楽施設には、スポーツ施設として浜口町の三菱球場（73ページ）、駒場町二丁目の陸上競技場とテニスコート、劇場として羽衣町一丁目の三菱会館（121ページ）があった。

そのほか、浜口町には三菱工業青年学校（73ページ）があり、城山町一丁目には三菱電機城山町教習所（68ページ）があった。

こう見てくると、長崎市とその周辺はまさしく三菱の工場そのものであった。

## ②総動員体制と国策会社

# 会社や店が国の都合で強制的に統廃合された

### 国家総動員法

日本政府と軍が中国との戦争に力を入れていた1938（昭和13）年、国民の生活や物資のすべてを戦争のためにつかう目的で国家総動員法がつくられ、数かずの勅令（天皇の命令）がだされた。

これによって国民を強制的に工場などの生産に動員する徴用や学徒動員（129ページ）がおこなわれたり、食べものや毎日の生活に必要なものが自由に売り買いできなくなったりした。

会社も大きなものから小さなものまで、国の命令でつくりかえることができるようになり、「統制会社」・国策会社というものがつくられ、中小企業がつぶされた。

### 九州配電

国策会社のなかでとくに有名なのが電力会社である。もともと電力会社は全国各地に小さな会社がたくさんできて、これが合併をくりかえしながら大きくなっていたものである。

西日本では東邦電力（97・113ページ）がとくに大きく、長崎・佐賀・福岡・熊本の九州4県から四国・近畿・中部地方までひろがっていた。ただし、これらの地方・府県を独占していたわけではなく、おおくの会社がまだらもようにまじっていた。

これではすべての電力会社に短時間で国の命令をいきわたらせるのがむずかしかったので、配電統制令をだして、1942（昭和17）年、地方ごとに電力会社をまとめ、日本発送電という全国にまたがる会社と地方ごとに九州配電など9つの配電会社がつくられた。これらが九州電力など、いまの電力会社につながっている。

大戦末期の長崎市には、九州配電長崎支店（113ページ）、長崎火力発電所（97ページ）、銭座変電所、竹ノ久保変電所（85ページ）、浦上変電所（48ページ）、飽ノ浦変電所、立神変電所、江川（えがわ）変電所があった。

### 帝国水産・西大洋漁業

いまのニチレイやマルハニチロも、もとをたどれば、1942（昭和17）年の水産統制令によってつくられた帝国水産統制株式会社と西大洋漁業統制株式会社であった。長崎港の西岸、旭町にはこれらの工場や支社があった（108ページ）。

### 長工醤油

長崎を代表するみそ・しょうゆメーカーである長工醤油（ちょうこうしょうゆ）は国の統制により1941（昭和16）年にできた長崎醤油味噌醸造工業組合がもとになっている。これにより、29の店が3つの工場にまとめられた（97ページ）。

【3-002】「東邦用地」をしめす石柱（2020年3月11日）　九州電力銭座変電所の北東、送電線の下にひろがる空地のまわりにこのような石柱がいくつものこっている。　現・浜平1丁目

### 長崎県食糧営団

1942(昭和17)年に食糧管理法がつくられ、食べもののうち、とくにだいじな米・麦・小麦粉・パン・いもの粉・でんぷんなどを政府が統制するようになった。これらを政府から買いとり、保管して、配給所にわたすためにつくられた団体が中央食糧営団や各県の食糧営団である。

長崎では元船町五丁目に倉庫と事務所があった(27ページ)ほか、常盤町(場所がはっきりしない)に事務所があった。また、羽衣町三丁目の長崎港駅の北にも穀物倉庫があったことがわかっており、これも食糧営団がもっていたはずである。さらに空襲をさける目的で浦上のあちらこちらに米などを保管していた。このことが裏目にでて、原爆のとき、ほとんどがもえてしまった。

### 配給所

米や麦とおなじように、砂糖・塩・みそ・しょうゆ・酒・せっけん・マッチ・糸・衣料などあらゆるものが配給制となり、買ってもよい量がこまかくきめられていた。そのために「米穀通帳」「配給物資購買通帳」「配給切符」というものがくばられた。

【3-003】食糧配給所にあつまった人々(原爆投下後) 現・樺島町1-1倉岡ビルまえ 矢じるしが配給所となっていた古賀米穀店(玉江町一丁目2番) 撮影者不明 提供／長崎原爆資料館 6-02-00-00-0090

それまであった米屋さんや酒屋さんは配給所とされ、たとえば山里町にあった岩波商店(現・浦上キリシタン資料館、58ページ)が第22配給所となったように番号がつけられていた。

### つぶされたカステラ

文明堂は、1944(昭和19)年に砂糖などの材料が手に入らなくなり、カステラをつくることができなくなったため、店をたたんで旅館にきりかえた。

福砂屋は1940(昭和15)年ごろから終戦まで、カステラではなく、軍におさめるための乾パンをつくっていた。軍用ならば、材料の配給にあずかれたわけである。

### 呉服は敵視された

大戦中、呉服(和服・着物)は「ぜいたく品」であり、うごきにくく活動にむかないということで敵視された。これに、せんいの統制がくわわった。

1944(昭和19)年、今村呉服店は、店主が市内の呉服店組合長をつとめていた関係で、「率先して」廃業し、おおくの店もしたがった。

### 長崎新聞社

大戦末期にあった「長崎新聞社」も国策会社である。それまで長崎市内には「長崎日日新聞」と「長崎民友新聞」があった。ほかに県内では「島原新聞」と佐世保の「軍港新聞」があった。

言論統制をすすめる政府はひとつの県の新聞社を1社だけとするため、力をそそいだ。これは抵抗にあって簡単にはすすまなかったものの、最後は長崎県がのこるだけとなった。

1942(昭和17)年4月1日、長崎民友新聞の全幹部が自由をうばわれ、そのあいだに合併がきまり「長崎日報」となった。そして1945(昭和20)年7月、「長崎新聞」に名まえをかえた。

1946(昭和21)年12月、もとの4社にもどったあと、ふたたび合併がすすみ、あらたな長崎新聞がうまれ、いまにつづいている。しかし、島原新聞は独立をたもっており、健在である。

第3章 地図は語る―崩壊への道

## ③空襲と疎開

# 原爆以前に長崎の都市崩壊がはじまっていた

### 長崎の空襲

　長崎の空襲は原爆まえに5回あり、第1次～第5次空襲とよばれている。この事実は原爆のかげにかくれて、あまり知られていない。

　そして、第6次空襲が原爆になるが、そのようによばれることはほとんどない。

### 第1次空襲

　1944（昭和19）年8月11日の夜、中国からとんできた29機のB29が工場地帯をねらって、それぞれ焼夷弾と爆弾を3トンおとした。これらは目標をはずれ、まわりの平戸小屋町・稲佐町・古河町の一部がもえた。

　これにより、13人が殺され、26人が重傷をおった。建物の被害は全焼5軒、半焼4軒、全壊1軒であった。

### 第2次空襲

　1945（昭和20）年4月26日午前11時、空襲警報がでていないときに1機のB29がやってきて、4トンの爆弾と7発の時限爆弾をおとした。時限爆弾は出島岸壁・交通船・長崎駅構内で爆発した。

　これにより、129人が殺され、134人が重傷、144人が軽傷をおった。建物の被害は全壊1軒、半壊3軒であった。

### 第3次空襲

　1945年7月29日午前10時ごろ、沖縄からとんできた32機のA26が51トンの爆弾と6トンの破片爆弾をおとした。三菱造船所が中心で、ほかに市北部と市南部も攻撃された。

　これにより、22人が殺され、3人が行方不明になり、10人が重傷、31人が軽傷をおった。建物の被害は全壊43軒、半壊113軒のほか、長崎師範学校（37ページ）の本館が大破した。

### 第4次空襲

　1945年7月31日の9時45分～12時ごろ、沖縄からとんできた29機のB24が香焼島の川南造船所のほか、木鉢、平戸小屋町、稲佐町、竹ノ久保町、岩川町、愛宕町、土井首町、田手原名などに爆弾をおとした。

　これにより、11人が殺され、35人が重軽傷をおった。建物の被害は全壊72軒、半壊76軒で、朝日国民学校（104ページ）の木造校舎が大破した。

### 第5次空襲

　1945年8月1日の正午ちかく、24機のB24と26機のB25が、三菱造船所、製鋼所、長崎医科大学附属医院などに112トンの爆弾をおとした。

　これにより、169人が殺され、40人が行方不

【3-004】1945年8月1日の第5次空襲による三菱製鋼所の被害（1945年8月7日）　工場の屋根に穴があいているのがわかる。撮影／アメリカ軍　所蔵／アメリカ国立公文書館　提供／長崎原爆資料館　1-243NP-1-011

明になり、215人が軽傷をおった。建物の被害は全焼4軒、半焼1軒、全壊107軒、半壊134軒であった。

### 工場・病院がとまった

第5次空襲により、三菱の工場は壊滅的な被害がでて、生産がほとんどとまったようである。原爆投下2日まえの空中写真【3-004】では、工場の屋根に大きな穴があいているのがわかる。

また、長崎医科大学附属医院でも大型爆弾が耳鼻咽喉科病棟と産婦人科手術室、外科手術室の建物を直撃大破するなどして、学生3人がころされ、おおくの人が負傷した。これにより、病院はまひ状態になり、原爆投下までに入院患者のおおくを退院させた。

### 建物疎開は強制的に

空襲、とくに焼夷弾攻撃による火事がひろがるのをふせぎ、軍需工場や官庁など「重要施設」をまもり、防空壕などへのにげ道をあけておくため、政府の命令により、強制的に建物をとりこわして空地をつくる「建物疎開」がおこなわれた（「強制疎開」とよばれることがおおく、空地は「強制疎開地」とよばれた）【3-005】。

長崎市内の建物疎開は3度にわたっておこなわれ、1944（昭和19）年11月から第1次疎開が、1945（昭和20）年4月から第2次疎開が、6月から第3次疎開がおこなわれた。

これにより、61.3万m²（0.613km²）という、長崎大学文教キャンパス（18.7万m²）の3倍をこえる面積の建物がこわされ、人員疎開（空襲のときに足手まといになる幼児・老人・病弱な人などを農村地域にうつらせる）とあわせて5万人をこえる人たちが町からおいだされた。

### 疎開事務所

空襲がひどくなるにつれて、工場だけでなく、その事務所や市役所も学校などに分散した。

市役所の疎開事務所は、袋町の公会堂（111ペー

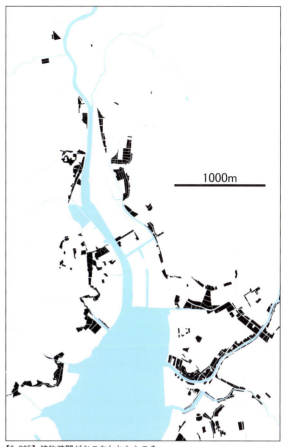

【3-005】建物疎開がおこなわれたところ

ジ）に配給課・生産課・振興課、市立幼稚園（111ページ）に衛生課、新興善国民学校（112ページ）に戸籍課・兵事課・厚生課があった。県庁の疎開事務所として、勝山国民学校（112ページ）に警察部があった。

製鋼所の疎開事務所は瓊浦中学校（84ページ）に勤労課の給与事務所、上長崎国民学校（下西山町）に経理課・人事課・業務課があった。

### 都市崩壊

町のいたるところで家や商店がなくなり、人がすめなくなって、中心的な工場や病院は空襲で壊滅していた。学徒動員（129ページ）のため、学校の授業はなくなっていた。軍事都市長崎は、原爆をおとされるまえから、すでに崩壊の道をすすんでいたのである。

第3章　地図は語る—崩壊への道

## ④庶民の生活

# いまでは見られない商店で売られていたもの

### 個人商店があたりまえ

いま、長崎市内で毎日のたべものを買うところといえば、スーパーマーケット・コンビニエンスストアなど、大きな会社の店であり、どこかの系列店であることがおおい。

しかし、1960代まで、そのための場所はもっぱら個人商店であった。いまとちがって自家用車をもっている人はわずかだったので、毎日、家の近所で買いものをしていた。

### 米店・酒店

米屋さんと酒屋さんはいまよりも数がおおく、市内いたるところにあった。米と酒の両方をうっている店もあった。また、酒屋さんのなかには支店をもっているところがあった。

【3-006】高田酒店（2020年6月29日）　銀屋町　長崎最古の酒店という。大戦まえの建物が現役でつかわれている。

### 酢店

いまは酢といえば、ミツカンが圧倒的に支配している。しかし、当時は長崎の町なかに酢をつくっている店がいくつかあった。

### 薪炭店

当時、薪や炭などの燃料は米や酒とおなじように毎日かかせないものであり、これらを売る薪炭店というものがあった。米屋さんが薪炭店をいっしょにやっていることもおおかった。

### 氷店

このころはふつうの家庭に冷蔵庫がなく、氷が必要になったら、そのつど、入れものをもって買いにでかけていた。

氷専門の店というのはすくなく、たいていは薪炭店などがいっしょにやっていた。

### 洗張店・染物店

洗張店は、着物の糸をほどいて、もとの反物のかたちにつなぎあわせ、これを洗って、しわをなくした状態でかわかして、もとの客にかえす店である。ほんらいはこのあと、ふたたび着物として仕立てなおす。

大戦まえは着物がふだん着であり、染物にしても洗張にしても家庭でふつうにおこなわれていた。クリーニング店のような感じで、これらをひきうけていたのが染物店や洗張店である。大戦末期は着物が迫害された（131ページ）ので、これらの店がどうなっていたのか、よくわからない。

### 洋服店

いまは、洋服といえば、完成品が売られており、客はたくさんの商品をみて、気に入ったものをえらぶのがふつうである。

しかし、この時代の洋服はオーダーメイドで

あり、ひとりひとりにあわせて仕立てていた。つまり、「洋服店」は仕立てをおこなう店をさしていた。なかにはワイシャツ専門という店もあった。大戦末期、せんい製品は配給制であったため、オーダーメイドであっても政府からわりあてられた「衣料切符」【3-007】が必要であった。

【3-007】衣料切符　背広ひと組を買うときは50点、作業服上下は24点、長袖シャツ（ワイシャツをふくむ）は12点、手袋は5点などと、製品ごとに必要な点数がこまかくきめられていた　所蔵／札幌市　提供／札幌市（平和バーチャル資料館より）

## 古着店

いまでいうリサイクルショップの一種とも考えられる、古着を専門にあつかう店がたくさんあった。古着もせんい製品にかわりないので、買うためには衣料切符が必要であった。

## 家畜小屋

当時の浦上では、馬・豚・牛・やぎなどの小屋がふつうにあり、ときには住宅地でもみられた。たいていは民家のかたすみにつくられた小さなものであった。しかし、建物の長さが20mをこえる大型の豚舎や養鶏場もあった。

牛小屋や馬小屋は戦後、数がへっていったものの、1970（昭和45）年ごろまで、浜平町などにのこっていた。

## 吉田牧場

長崎で乳牛をかっていた牧場が、旧市街地のまわりや稲佐町にいくつかあった。そのなかでいちばん有名なものが愛宕町にあった吉田牧場である【3-008】。

【3-008】吉田牧場（左・1948年1月13日）とその跡（右・2010年5月8日）左写真の中央、県道の左にひろい土地とそのまんなかの牛舎らしい建物がみえる。☆の場所に当時のへいがのこっている。　国土地理院空中写真USA-R216-89・CKU20103-C19-51に加筆

これは1955（昭和30）年ごろになくなり、そのあとには住宅がたちならんでいる。そのかたすみには牧場時代のへいがのこっている【3-009】。

【3-009】吉田牧場の跡にのこるコンクリートのへい（2020年6月29日）現・愛宕3丁目　長崎バス・白糸停留所と愛宕町停留所の中間にある。

## 大戦末期は休廃業がおおかった

戦争がきびしさをますにつれて、あらゆるものが不足し、統制がつよめられた。これに疎開がくわわり、おおくの商店・会社が休廃業した。どれくらいの店が終戦まで営業をつづけられたのか、いまとなっては、証言をきくのもむずかしい。

第4章

# 意外な原爆被害

「一瞬ですべてが灰になった」というのは真実であろうか。破壊されたのは浦上だけであろうか。毎年くりかえされる報道やたくさんの本によって、私たちは「原爆」のイメージをあたまにえがいている。第4章では、これらのことがらについて、写真・記録・証言をもとに検証をすすめ、あまり知られていなかった原爆被害をあきらかにする。

下ノ川にかかる電車鉄橋（提供／長崎原爆資料館　6-46-02-01-0003）

# 第4章　意外な原爆被害

①「一瞬ですべてが灰」はまちがい

## はじめは小さな火種、そして燃え残った木片

### ひとり歩きするイメージ

　原爆をかたるとき、しばしば「一瞬のうちにすべてが灰になった」などといわれる。これはおおくの人が何となくもつ原爆のイメージである。しかし、被爆後にうつされた写真をみたり、くわしい証言を分析したりすると、これまでとずいぶんちがう真相がみえてくる。

### もえなかった木が爆心直下に

【4-001】爆心地の140m北（原爆投下後）　画面中央（正面）のくぼみのあたりが「爆心地」、左下にみえるのは松山橋　たくさんの材木がちらばっている。　撮影／相原秀次　提供／長崎原爆資料館 6-27-00-00-0015

　【4-001】の場所は「爆心地」の140mほど北である。平和公園内の「平和の泉」の南東、公園のへりになる。ここは爆心地よりも20mほどたかいので、原爆の火の玉からの距離は爆心地のそれとほとんどおなじである。写真中央のくぼんだところが「爆心地」であるから、熱線は正面、上空からやってきたことになる。
　写真をみると、もえていない材木がちらばり、立ち木の樹皮もそのままのこっている。
　【4-002】はいまの長崎原爆資料館がある場所で、当時は浜口町北部町内会長・相川宅十郎邸の屋敷林であった。「爆心地」の200mぐらい南東にあたり、ここも爆心地より20mぐらいたかい。爆発点を爆心地上空500mとすると、そこからの距離は520mとなり、爆心地のそれより20mとおくなるだけである。

【4-002】爆心地の200m南東（原爆投下後）　「爆心地」は正面よりやや右のほうになる。立ち木の大枝のほか、一部の小枝ものこっている。　撮影／石田寿　提供／長崎原爆資料館 6-04-03-01-0020

　写真では、立ち木の大枝のほか、すくないながらも小枝がのこっている。地面でも、石垣の右や手まえにたくさんの小枝がちらばっているのがわかる。
　これら2枚以外にも、おおくの写真によって、もえていない材木・立ち木がとらえられている。

### 熱線は内部につたわらない

　爆心地あたりは地上最強の熱線をあびて、温度は3000〜4000℃になったと考えられている。それでも、立ち木や材木がもえずにのこったのは、熱線のつづいた時間が3秒ぐらいとみじかく、熱が内部までつたわらなかったためである。
　木造の建物には屋根に瓦がのっているので、

衝撃波がやってくるまでは、熱線をさえぎる。
　また、衝撃波によって建物がうちくだかれ、爆風でふきとばされるとき、破片が空中で回転するところが核実験記録動画にうつっている。すると、おなじ面に熱線があたる時間はみじかくなる。このようにして、おおくの材木がもえないまま、地面にちらばったと考えられる。

## 火のつきかた

　べつの記録動画には、建物が熱線でこげるときに大量の煙がふきだすようすがうつっている。このような煙に火がつくと大きな炎となり、火事になる。また、こげた表面に炭火ができて、それが長時間きえずにいると、やがてくすぶり、火の手があがる。
　これらの火がまわりの建物や材木にもえうつれば、つぎつぎにひろがっていく。これは、大地震のときの大火をみれば、あきらかである。

## ガラスびんは火事でとける

　「熱線でとけたガラスびん」などという話もときどききかれる。しかし、ガラスがやわらかくなる温度は1000度以下であるので、はげしい火事のときは、この温度になる。さらに、火事であれば、長いあいだ高温がつづくので、ガラスがとけるための時間がある。
　じっさいに1995年の地震でおきた神戸の大火や2016年の糸魚川大火の跡から、とけたガラスびんがみつかっている。
　これらの事実から、原爆のときも火事によって高温となり、ガラスがとけたと考えられるし、たくさんのびんがかたまっている【4-003】ことも説明できる。なぜならば、熱線があたるような場所であれば、びんが爆風でふきとばされて、1本ずつばらばらになるので、とけてくっつきあうことは考えにくい。
　しかし、屋内にあったびんのうえに建物がおおいかぶさり、火事でガラスがとけたのであれば、何の不自然もない。

【4-003】とけてくっついたガラスびん　「爆心地」から400mの商店跡にあった。　所蔵／長崎原爆資料館 1-02-01-30-0015

## 1時間後の炎上

　証言によれば、浦上のいたるところで大きな火の手があがったのは原爆投下1時間後の正午ごろである。もちろん、爆心地あたりではすぐにもえだしたところがあってもおかしくないし、わらぶき屋根の建物は爆心地から北に3km以上はなれた道ノ尾でも熱線をあびると同時にもえあがっている。
　しかし、おおくのばあい、すぐには火事にならず、くすぶっていたものが、1時間ぐらいして炎上している。

## 無数の火種

　八千代町あたりや稲佐町三丁目では、あちこちから火がでて、いくら消火しても、あとからあとから火がでたという。これは熱線によって無数の火種ができていたことを意味する。
　浦上では原爆投下の直後に消防が爆風で壊滅し、消火活動ができなかった。あちこちに火種があれば、大火になるのはあたりまえであった。

## 長時間もえつづけた

　正午ごろ浦上でおこった火事は何時間ももえつづけた。もえつきて、きえたのは夕方から深夜にかけてであった。それでも、火がうつらず、もえなかった材木と立ち木、線路のまくら木（137ページ）があった。

## 第4章 意外な原爆被害

②忘れがちな旧市街地の大火

# 爆心地から離れた商店街・長崎駅周辺が壊滅

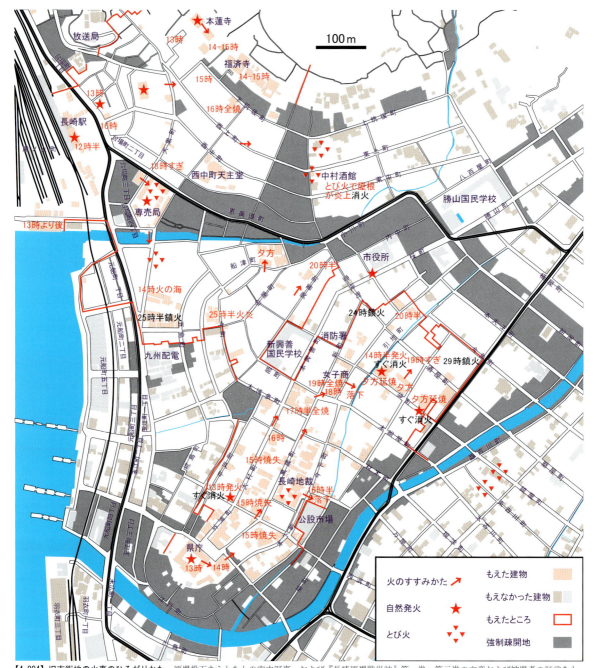

【4-004】旧市街地の火事のひろがりかた　原爆投下まえとあとの空中写真、および『長崎原爆戦災誌』第一巻・第三巻の文章および被爆者の証言をもとに作図した。時刻だけのものは、もえだしたときをあらわす。おなじ場所でくいちがう証言があるところは、まわりとの関係ができるだけ自然になるものをえらんだ。火事にかんする記号の場所はおおよそのものであって、かならずしもピンポイントに正確なものではない。

### 原爆被害は浦上だけではない

　原爆というと浦上でのできごとで、むかしながらの「長崎」は関係ないと思っている人がいるかもしれない。

　しかし、旧市街地でもほとんど全部の場所が爆風被害をうけているし、県庁や長崎駅、これらのまわりといった心臓部では大火がおこっている。この火事で、国宝福済寺をはじめ、本蓮寺・聖無動寺・西中町天主堂など、のこっていれば、いま重要文化財あるいは世界遺産になっているかもしれない建物がうしなわれた。

### 駅前や県庁は同時多発で自然発火

　出火したのは、原爆投下2時間後の午後1時ごろで、長崎駅のまわりと県庁あたりで同時多発的に自然発火した。

　長崎駅南東にあった熊本地方専売局長崎出張所だけでも6カ所から火がでている。また、駅まえでも点々と発火、その東にある映画館の屋上や本蓮寺の本堂からも火がでた。市役所まえでは電柱がもえだした。

　県庁の火元は銅板屋根の内部であった。北東にある長崎控訴院跡の建物では自然発火したうたがいがあるし、県庁のちかくでも、あちこちで、ほとんど同時に火がでている。だから、すべてを県庁の火のせいにするのは正しくない。

### 長崎駅東がわの大火

　長崎駅あたりの火は風にあおられて、1時間あたり100mぐらいの速度で東にひろがり、強制疎開地までとといだ。これが東上町などにとび火して一部で炎上したものの、消火をつづけるうち、風むきがかわって火事はくいとめられた。

　駅まえから南東にあたる恵美須町のほうでは、もえひろがる速度が小さかったようである。

　これらとはべつに専売局あたりの火が川をこえて五島町にとび火し、はやい時間帯に火の海となった。ちかくに九州配電長崎支店があったため、10時間以上にわたる必死の消防活動がおこなわれ、ぎりぎりのところでくいとめられた。

### 県庁北東がわの大火

　県庁のあたりでおこった火事は、風にあおられて、北東にむかって1時間あたり100mぐらいの速度で、もえひろがった。それぞれの建物はもえだしてから1時間ぐらいで全焼した。大村町では、やけおちた時間帯がはやいので、県庁とはべつに自然発火したのかもしれない。

　このあたりでは、全力をあげた消火活動にもかかわらず、火をとめることができず、消防隊はあとずさりをくりかえした。市役所に火がせまるなか、深夜になって風むきがかわり、ようやく火事がおさまった。

　いっぽう、長崎地方裁判所や長崎女子商業学校では、もえている材木が、がけの下におちて、そこから火事が北東にひろがった。こちらの火事がおさまったのは翌日の明け方であった。

　このあいだに、袋町あたりから中島川をとびこえた火の粉が銀屋町や東古川町におちて、もえあがっている。これらはすぐにけしとめられ、川よりも東はまもられた。

### 火をくいとめたものは消防と強制疎開地

　旧市街地の火事は全体にひろがらず、一部でくいとめられた。

　これには消防の力が大きくかかわっている。浦上とちがって、消防署や警防団（いまの消防団のようなもの）が無事だったため、すぐに消火活動がはじまり、火のいきおいにおされながらも、最終的にけしとめることができた。火の粉がふった上筑後町や銀屋町などでは、初期消火がうまくいった。

　また、強制疎開地が火をさえぎったこともたしかである。さらに、県庁の北、平戸町と椛島町のあいだは、がけになっていて、丘の上の火が下にうつるのをふせいだ。東のがけでも、もし、もえている材木がおちなければ、平地のほうはたすかったかもしれない。

第4章 意外な原爆被害

③爆風と黒い雨

# 山をこえた熱風がきて諫早市内にも被害

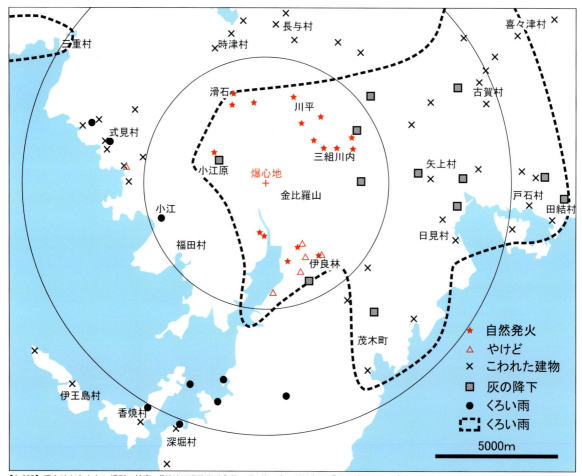

【4-005】爆心地からとおい場所の被害 『長崎原爆戦災誌』第二巻・第三巻、長崎新聞『私の被爆ノート』などをもとに作図した。くろい雨については、本田孝也（2013）・長崎県保険医協会の図も参考にした。記号の場所はおおよそのものである。黒い雨の地点がかたまっているところは●の記号を省略して点線でかこんだ。爆心地ちかくの熱線・爆風による被害は省略した。小さな円は爆心地から5km、大きな円は爆心地から10kmの距離をあらわす。

## 市内全域で爆風の被害

　爆風による被害は当時の長崎市内全域でおこり、瓦がはがれたり、窓ガラスがわれたりしたのはもちろん、屋根に大きな穴があいたり、かべがふきとばされたりした建物もおおい。

　爆心地と旧市街地は金比羅山によってへだてられている。それでも旧市街地には爆風で大きな被害をうけたところがある。桶屋町の光永寺（111ページ）は本堂の屋根がくずれた。西浜町の電気館（122ページ）や東浜町の岡政百貨店（123ページ）は建物がつぶれた。金比羅山のかげにあって、いちばん安全なはずの諏訪神社（99ページ）でも回廊が一部たおれた。

## もっと南でも建物がつぶれた

　旧市街地の南でも、いくつかの建物が爆風でつぶれている。館内町にあった福建会館の本館（天后堂の北のとなり）、東小島町の高島秋帆邸が

そうである。また、中小島町の梅園天満宮では境内にあった橋の欄干がふきとばされた（いずれも 122 ～ 123 ページ）。これらは爆心地から 4km ほどの場所にあった。

このあたりは浦上から、みとおしがきくところであり、平地や海のうえをふきぬけてきた爆風があたったと考えられる。

## 爆風は大村湾まで

爆風は長崎をかこんでいる山をこえて、思いのほかとおくまでおよんだ。ガラスがわれたものまでふくめると、長崎市のまわりにあるすべての村や町で被害がでている。

大村湾南岸の、西は村松村西海郷（爆心地からおよそ 12km、現・長崎市）から東は喜々津村化屋名（13km 半、現・諫早市）まで、これらのあいだの時津村・長与村・伊木力村・大草村の海岸ちかくまで被害があった。

西海岸では北が三重村樫山郷（12km 半、現・長崎市）、南が深堀村大篭（12km、現・長崎市）で、式見村あたりや、海をへだてた伊王島村・香焼村（すべて現・長崎市）、東海岸では南の茂木町本郷（現・長崎市）から東の田結村池下名（12km、現・諫早市）まで被害があった。

証言によれば、爆心地から 5km 以上ある時津村・長与村のひろい範囲で、なまぬるい風や熱風がふいている。

## 自然発火は 4km ぐらいの集落でも

県庁は爆心地から 3.3km の距離にあった。これよりも、さらにとおいところで自然発火があった。

旧市街地の東がわにある伊良林町二丁目では障子の紙に火がついたあと、爆風でたおれて、もえつきたとの証言がある。ひとつまちがえば火事になっていたかもしれない。

北のほうでは、岩屋郷から滑石郷にさしかかるあたり（現・葉山 1 丁目のまわり）や川平郷（現・川平町）、三組川内郷（現・三川町）で、それぞれ 10 ～ 15 軒ぐらいが自然発火で火事になった。これらは爆心地から最大 4km ぐらいの距離にあった。どれも農村部だったため、大火にはならなかった。

広島原爆でもえたのは爆心地から 2.5km（最大でも 3km）ぐらいであるから、長崎原爆の熱線がどれだけつよいものだったか、わかるであろう。

## さらにとおい場所・南山手町でやけど

爆心地から 4.4km はなれた南山手町の長崎要塞司令部（現・長崎地方気象台の場所）では、さえぎるものが何もないところで 6 人ならんでいた兵士のうち 2 人がやけどをおった。ほかの 4 人は無傷だったという。

【4-006】熱線によるかげ（1945 年 8 月ごろ）南山手町・長崎要塞司令部（現・長崎地方気象台） 撮影／松本栄一

すぐちかくでは、かべに熱線があたって白っぽく変色したときに、はしごと人のかげの部分がくろいままのこった【4-006】。

## 灰とくろい雨がふった矢上村

浦上の東では 10km 以上はなれたところまでもえた紙きれや灰がふった。とくに矢上村あたりには爆発のあと 5 ～ 6 分たったころから大量にふった。なかには城山国民学校の習字・図画や長崎医科大学のカルテ、学生ノート、兵器製作所の伝票、製鋼所の印刷物など、どこからきたか、わかるものがふくまれていた。このことから上空では西風がふいていたことがわかる。

灰がふったあたりや浦上、旧市街地、茂木および西海岸の一部では「くろい雨」がふった。雨がふったのは正午ごろと午後 3 時ごろである。

灰やくろい雨は放射性物質をたくさんふくんでいて、熱線や爆風以上に危険なものであった。

第 5 章

# 復元図ができるまで

　復元地図の制作は、いくつもの情報をくみあわせる分析とCGソフトをつかう精密な作図によってすすめられた。そこでは江戸時代以降の地図、原爆投下前から現在までの空中写真、地上写真、さらには、電話帳・人名録・社史、インターネット上の情報などあらゆるものがつかわれた。こうして、はじめの予想をこえる成果がえられた。

（写真提供／長崎原爆資料館　1-243NP-1-009）

# 第5章　復元図ができるまで

①空中写真と重ね合わせ

## パソコン上での精密作業は水路・道路が目印

**現代の地図に原爆まえの空中写真をかさねる**

　原爆投下まえの復元地図をつくる作業は、デザイン・印刷業界で事実上の標準となっているIllustrator（イラストレーター）というグラフィックソフトをつかってすすめられた。

　その出発点は2500分の1『長崎市基本図』【5-001】に原爆投下前後の空中写真（＝航空写真）をかさねることである。しかし、いきなりあわせようとすると、うまくいかないことがある。

【5-002】1962年の空中写真（1962年7月30日）　中央をたてにつらぬくのは国道206号線で、その左に水路がある。国土地理院空中写真 MKU628-C9-8

【5-001】2500分の1『長崎市基本図120』の一部　銭座町停留所のあたり　図上の長さが70％になるよう縮小したもの

　原爆投下のときにあった道路・水路・建物などが町のなかに、いま、そのままのこっているところはすくない。ほとんどの場所は戦後の区画整理で大きくかわってしまった。のこされたものも長い年月のあいだに姿をけしている。このようなわけで、かさねるための目印がみつからないのである。

**1962年の写真により間接的にかさねあわせ**

　そのようなときは、基本図と1962（昭和37）年にうつされた空中写真【5-002】をかさねて、道路をあわせる。この時期の道路は歩道と車道の境界がちがうこと以外、いまのかたちがほぼ完成しているので、基本図とうまく一致する。この写真には原爆投下時にあって、いまはない水路がうつっている。これをトレースしたのが【5-003】である。

　つぎに、このトレースと原爆投下まえの空中

【5-003】水路のトレース　『長崎市基本図120』にかさねたところ

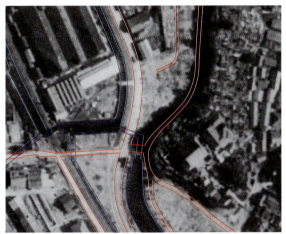

【5-004】原爆投下まえの空中写真をかさねてトレース（1945年8月7日）
1962年の水路のトレースに原爆投下まえの写真をかさねて、道路やほかの水路をトレースしたもの。撮影／アメリカ軍　所蔵／アメリカ国立公文書館　提供／長崎原爆資料館　1-243NP-1-011

写真をかさねる。こうすることで、間接的に長崎市基本図と原爆投下まえの写真がかさねられたことになるので、道路・水路・鉄道などをトレースする。【5-004】。水路のほか、建物などを手がかりにあわせることもある。

## 丘のうえは1948年の写真をトレース

平地部分のトレースができたら、1948（昭和23）年の空中写真【5-005】をつかって、丘の上など、たかい場所の道路などをトレースする。このほうが原爆投下まえの地図よりも正しい位置がわかるからである。

原爆投下前後の写真はアメリカ国立公文書館にある紙の写真を複写したものである。このため、紙ののびちぢみや複写のときのカメラのかたむきにより、写真にひずみが生じているし、地形の高低差によるずれが修正できない。

これにたいして、1948年の写真はフィルムからデジタル化されているので、ひずみが小さい。また、写真の中心を地図上にあわせ、これを固定したまま、写真を拡大・縮小することで、高低差によるずれを修正することができる（たかい場所は飛行機にちかいので、大きくうつり、中心からの距離が大きくなる）。

原爆投下まえの写真には建物のかげがあって、しばしば、道路や水路がみえにくくなっている。1948年の写真には、これらがはっきりうつっていることがおおく、位置をきめるさいの手がかりになる。ただし、戦後2年半のうちにかわっているところもあるので、原爆投下直後の写真【5-006】とくらべる必要がある。ちがうところがあれば、まわりの道路などを目印に原爆投下後の写真をかさねる。

【5-006】原爆投下後の空中写真　撮影／アメリカ軍　所蔵／アメリカ国立公文書館　提供／長崎原爆資料館　2-243NP-1-011

## ななめ空中写真や地上写真

ここでとりあげた空中写真には何がうつっているのかわかりにくいものがある。これをたしかめるために、低空でうつしたななめ空中写真や地上でうつした写真も参考にしている。

【5-005】1948年の空中写真（1948年1月13日）　右がわの道がよくみえる。
国土地理院空中写真 USA-R216-61

第5章　復元図ができるまで

②被災地復元図と長崎原爆戦災誌

# 知らない情報がぎっしりでおどろきの連続

### 建物をトレースして名まえを入れる

道路のトレースができたら、これに原爆投下まえの空中写真をかさねて、建物のかたちをトレースながら名まえを入れていく。

### 原爆『被災地復元図』が決定的な手がかり

このとき決定的な手がかりとなるのが、『被災地復元図』【5-007】である。

【5-007】被災地復元図の表紙

これは、松山町の元住民で原爆投下のときにほかのところにいてたすかった人たちが1970（昭和45）年に町の復元運動をはじめたのがきっかけでつくられた。この運動は長崎市のあとおしをうけ、まわりの町にもひろがって、1975（昭和50）年ごろ、報告書とともに1冊の復元図が発行された。

冊子は、たて27cm・よこ38cmで、地図の部分が44ページ、それに表紙ともくじがついている。だいたい1ページにひとつの町がまとめられていて、松山町→山里町→駒場町→岡町→浜口町→橋口町というように、爆心地にちかい町からとおい町にむかってならべられている。

原爆被災地復元図には、地番とともに、1軒ずつ、商店や会社だけでなく、個人の名まえもしるされている。町によっては庭や畑にうえてある木の種類もかきこまれている。さらに、町の境界線や強制疎開地などもかかれていて、当時のようすが手にとるようにわかる。

もし、このとき原爆被災地復元図がつくられていなかったら、いま筆者が長崎市の復元地図をつくることはできなかったであろう。

### 建物の位置関係をみる

原爆被災地復元図にかかれている道路や建物の絶対的な位置はあまり正確ではない。そのため、建物どうしの前後・左右の関係、ならびかたのパターンあるいは道路や水路との関係をみることで、空中写真にうつっているどの建物にあたるのかをみきわめることがだいじである。

### 『長崎原爆戦災誌』をよみこむ

原爆のことについては『長崎原爆戦災誌』がさまざまなことをおしえてくれる。この本は長崎市によって1977（昭和52）年から1984（昭和59）年にかけて、5冊にまとめられたもので、それぞれが500～900ページ以上もある。そのうち、第1巻については2006年に改訂版がだされている。

第1巻は原爆や第二次大戦にかかわること全体について、第2巻は浦上のできごとについて、第3巻は旧市街地や長崎市外のできごとについてまとめてあり、第5巻は資料集になっている。かかれている事実は、ずっと長崎にすんでいる筆者にとっても、はじめてきくような話がおお

く、おどろきの連続であった。

　これらをよみながら、復元地図づくりの手がかりになりそうなところをぬきだしてノートにかきうつし、あとで必要なときにそれをみるようにした。こうすることで、『被災地復元図』にかかれていることの意味がわかり、あらたな情報もたくさんみつかった。

　なお、第4巻は物理や医学の話が中心で、地図をつくるための参考にはならなかった。

### 長崎医科大学の図面を県立図書館でさがす

　原爆被災地復元図では、長崎医科大学附属医院の建物ごとに「内科病棟」・「外科病棟」などの文字が入っている。しかし、いまの「医学部前」バス停のそばにあった「基礎教室」については地図そのものがのっていない。

　そこで、県立長崎図書館にいって関係がありそうな本を総あたりして、図面をさがした。こうしてみつかった「配置図」をみて復元地図に建物の名まえを入れていった。

### 原爆資料館で工場や附属医院の図面をみる

　製鋼所や兵器製作所など、三菱の工場については、長崎原爆資料館にある図面をみることができた。さらに長崎平和推進協会写真資料調査部会（通称・写真部会）のみなさんから、いろいろなことをおしえていただいた。これにより、正確でくわしい情報を復元地図に入れることができた。三菱の工場だけでなく、長崎医科大学附属医院についても、おなじであった。

### 国会図書館の公開資料

　【5-008】はそのあとにみつけた『長崎医科大学平面図』で、国会図書館がインターネットで公開している資料のなかにあった。この図面は1942（昭和17）年につくられた青写真の複写で、もっとも信頼できるオリジナル資料である。これをみることで、引用や記憶をもとにあとからつくられた資料が正しいかどうか、たしかめる

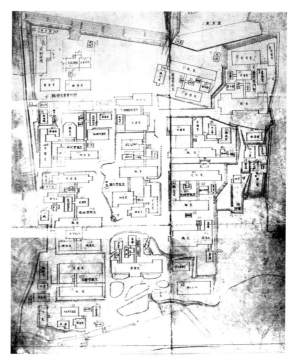

【5-008】『長崎医科大学平面図』の一部　1942年につくられた図面

ことができる。

　ただし、図面がつくられた1942年から、原爆が投下された1945（昭和20）年8月までのあいだに、どこか変化したかもしれない。そのようなことに注意しながら作業をすすめる必要がある。

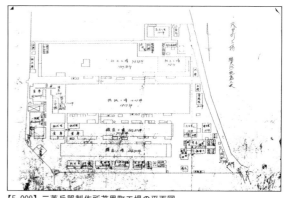

【5-009】三菱兵器製作所茂里町工場の平面図

　【5-009】は三菱兵器製作所茂里町工場の平面図で、これも国会図書館の公開資料のひとつである。青写真の複写なので、正式の図面だと考えられる。

第5章　復元図ができるまで

③戦中戦後の地図・人名録

# 前後の資料からわりだす住宅地図の商店名

### 復元図がつくられたのは県庁のちかくだけ

『原爆被災地復元図』がつくられた範囲は長崎駅・西坂町と稲佐町三丁目までであった。

それより南では、いまの江戸町・万才町・築町のあたりで、1985（昭和60）年4月に『昭和十六年頃より原爆まえの復元図』という1枚の地図がつくられただけである。

その名のとおり、建物疎開よりもまえの商店などがこまかくかきこまれており、きわめて貴重な資料となっている。年代に幅があるので、原爆投下直前にどうなっていたか、よくわからないところがある。

### いろいろな資料をつきあわせる

ほかの旧市街地では原爆投下まえの復元図がつくられていない。大戦中はなんでも軍事機密にするような時代であったうえに、もの不足と混乱がかさなった。このため、大戦末期の情報がいちばんのこりにくかったのである。

そこで、太平洋戦争まえの資料と戦後数年たったころの資料をつきあわせて、両方で一致するものをひろいだす方法で、原爆投下まえにどうなっていたか推定することにした。

### 長崎市地番入分割図

第二次大戦まえの住宅地図としてしられているのが1919（大正8）年の『長崎市地番入分割図』【5-010】である。実物はカラー印刷で、商店や会社、医院、弁護士などの名まえがかかれている。年代がふるいものの、原爆投下までおなじ場所にとどまっていた商店などがあり、復元地図づくりの手がかりとなった。

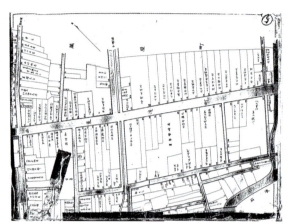

【5-010】長崎市地番入分割図（1919年）　浜市商店街の部分　左が中島川、右がシシトキ川

### 国際文化都市長崎市街地図精密地番入

1954（昭和29）年にだされた長崎市街図である【5-011】。その名のとおり、地番が入ったくわしい地図である。商店などの名まえはかかれていない。1枚の地図ごとにいくつかの町がまとめられ、ゆがみは小さい。

区画整理された部分には地番とはべつの番号がつけられているので、地番をたよりに場所をさがすときは、つぎにのべる和紙公図をみる必

【5-011】国際文化都市長崎市街地図精密地番入（1954年）　五島町・桝島町のあたり　区画整理がおこなわれたところは赤数字で地番とはべつの番号がつけられている。

要がある。

## 和紙公図

　法務局にある地図（字図）のうち、いちばんふるい年代のもので、和紙にかかれていたので「和紙公図」【5-012】とよばれる。いまはつかわれないものの、永久保存されている。必要な書類をかいて、手数料をはらえば、コピーを手に入れることができる。

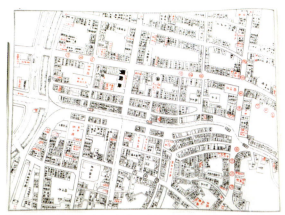
【5-013】長崎地典（1956年）　東浜町・西浜町・銅座町のあたり。左が中島川、右が鍛冶屋町商店街

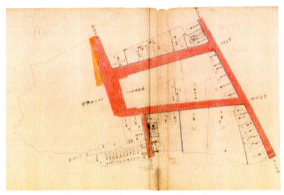
【5-012】和紙公図　外浦町の図　左のひろい区画に「三十三番県庁」の文字がみえる。その右の「三十四番県庁」の場所に長崎県警察部があった。

　長崎のばあい、江戸時代の市中だった旧市街地は町ごとに、まわりの村だったところは字ごとにつくられている。旧市街地の地図はかなり正確で空中写真ときれいにかさなることもある。浦上山里村や浦上淵村の字図はそこそこ正確で、原爆投下前後や1948（昭和23）年の空中写真とみくらべると場所がわかることがおおい。しかし、西浦上村の字図はゆがみがひどく、とてもわかりにくい。

## 長崎地典

　1953（昭和28）年に初版がだされた住宅地図で、筆者がつかったのは1956（昭和31）年の第2版【5-013】である。1枚の地図にのっている範囲は『精密地番入』のそれよりもひろく、民家をふくめて1軒ずつくわしくかかれている。図のかたちがあまり正確でないので注意が必要である。地番はついていないので、『精密地番入』および、つぎにのべる『長崎商工人名録』など

とくみあわせることで、建物の場所をわりだすことができる。

## 長崎商工人名録と長崎経済名鑑

　1941（昭和16）年版『長崎商工人名録』とそのつづきである1950（昭和25）年版『長崎経済名鑑』は長崎商工会議所がだしたもので、市内にある会社・個人商店の名まえ・場所・電話番号などが業種ごとにまとめられている【5-014】。

　これらをみくらべて、両方でおなじ場所におなじ商店などがあれば、原爆のときもそこにあったと考えて、地図と空中写真で建物をわりだした（一時的に休廃業または疎開したものがあるかもしれない。ほかの資料でこのような事実がわかったものは復元地図に入れなかった）。

　原爆で火事になって区画整理がおこなわれたところでは、商店などの場所がうつってしまったので、この方法をつかうことができない。

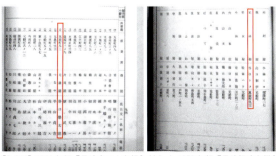
【5-014】1941年版『長崎商工人名録』（左）と1950年版『長崎経済名鑑』（右）両方に「万屋町93　元禄屋」がのっている。

第5章　復元図ができるまで

## ④地上写真を総あたり
# 空中写真と見くらべて建物をわりだす

### 1枚の地上写真から

　旧市街地の復元地図づくりは、ばらばらにある手がかりをひとつずつひろいだす作業のつみかさねである。そのひとつに、1枚の地上写真を手がかりに建物の場所をさがすという方法がある。

【5-016】大村町あたりのななめ空中写真（原爆投下後 1945年9月1日以前）　四角形のなかが中村病院の跡　撮影／アメリカ軍　所蔵／アメリカ国立公文書館　提供／長崎原爆資料館 6-45-05-00-0024

【5-015】中村病院跡の地上写真（原爆投下後）　大村町　撮影／小川虎彦　提供／長崎原爆資料館 6-05-01-00-0039

　【5-015】は大村町にあった中村病院のやけ跡で、数本の石の柱、手まえの門とへいが特徴的である。また、とおくにうつっているのは彦山という山で、長崎市街地の東にあるので、中村病院の門は道路の東がわにあることがわかる。これらを手がかりに空中写真からさがしだす。

　はじめに、ななめ空中写真【5-016】のうち大村町の部分をみる。すると四角形のところに地上写真と一致するものがみつかる。

　つぎに、原爆投下後の垂直空中写真（真上からうつした写真）【5-017】をみて、ななめ空中写真にうつっているものとおなじかたちのものをみつける。さらにこれを手がかりにすることで、原爆投下まえの垂直空中写真【5-018】に

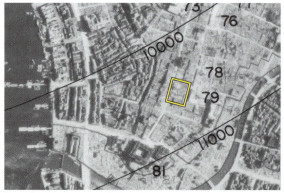

【5-017】大村町あたりの垂直空中写真（1945年9月7日）　四角形のなかが中村病院の跡　撮影／アメリカ軍　所蔵／アメリカ国立公文書館　提供／長崎原爆資料館 2-243NP-1-006

うつっている中村病院の建物がわかる。

### 長崎原爆資料館にある写真が大きな手がかり

　長崎原爆資料館には、原爆投下後に旧市街地でうつされた写真がたくさんあって、インターネット上で公開されている。そのなかには建物の写真もある。また、すくないながら原爆投下まえの建物の写真もある。

　これらをつかうことで有名な建物のかなりの

【5-018】原爆投下まえの大村町あたりの垂直空中写真（1945年8月7日）四角形のなかが中村病院　撮影／アメリカ軍　所蔵／アメリカ国立公文書館　提供／長崎原爆資料館 1-243NP-1-006

場所がわりだせた。その地番をかぎにして空中写真に『国際文化都市長崎市街地精密地番入』（150ページ）や和紙公図（151ページ）をかさねることで、まわりの建物の地番がわかり、商店などの場所をつきとめやすくなった。

## むかしの記憶をよびおこす

　戦後復興の区画整理がなかったところでは、原爆投下のときの建物があとまでのこった。筆者が小学生のころは、そのような建物がおおかった。その記憶をたどることで、いまの空中写真と地図から場所をわりだし、原爆投下まえの空中写真から建物をさがすことができた。

## 戦後すぐのななめ空中写真

　原爆資料館の空中写真には旧市街地の東部分や南部分がふくまれていない。

　それをおぎなうのにつかったのが『空から見た長崎の観光写真地図　翼を広げて』という本である。これには戦後まもないころのななめ空中写真がたくさんのっている。

　また、国会図書館がインターネットで公開している資料のなかにもアメリカ軍のななめ空中写真【5-019】があるので、あわせてつかった。これは1945（昭和20）年11月19日にうつされたもので、北は家野郷、南は深堀村・香焼島、東は本河内町、西は稲佐山とひろい範囲にわたっており、全部で109枚の画像がある。

【5-019】アメリカ軍のななめ空中写真（1945年11月19日）　中心は上筑後町・下筑後町の境界、とおくに浦上川や三菱長崎製鋼所がみえる。撮影／アメリカ軍　所蔵／アメリカ国立公文書館

## 高精度空中写真

　国会図書館のインターネット公開資料には、こまかいところがはっきりうつっている垂直空中写真もある【5-020】。

　これは1945（昭和20）年8月28日に常盤町から酒屋町、および羽衣町から大波止にかけてうつされたものである。路面電車の線路がはっきりみえるほど、精度がたかい。

【5-020】アメリカ軍の高精度空中写真（1945年8月28日）　西浜町・築町のあたり　撮影／アメリカ軍　所蔵／アメリカ国立公文書館

第5章　復元図ができるまで

## ⑤住宅地図で追跡

# 会社や店をつきとめるパズルのような作業

### 建物の場所を追跡する

150～151ページにあるとおり、旧市街地の復元では、『長崎商工人名録』『長崎経済名鑑』などのくみあわせにより、原爆投下のときにあったとみられる商店・会社などをひろいだして、その町名・地番を手がかりに、『国際文化都市長崎市街地図精密地番入』と『長崎地典』をてらしあわせて場所をさがす。

そのあと、住宅地図を年代順においかけて、そこにいま何があるのかをたしかめる。こうすると、地番の入った地図を空中写真にかさねるだけのばあいよりも、いちだんと正確な位置を知ることができる。

### ゼンリンの住宅地図

『長崎地典』第2版(1956＝昭和31年)のつぎにふるい住宅地図は1961(昭和36)年にだされた『ゼンリンの住宅地図』で、地番図もついている。この時代のものは地図のかたちがあまり正確ではないので、よみとりにくいことがある。

ゼンリン(当時は善隣出版社)は、この年からほぼ毎年、住宅地図をだしている。そこで、数年おきに住宅地図をみくらべることによって、ある場所がどのようにうつりかわってきたのかを追跡することができる。

### 商店のならびかたに注目

はじめの地図で商店が、ＡＢＣＤＥＦの順にならんでいたとする。これが年とともに、ＡＢＣＧＥＦ→ＡＢＨＧＩＦ→ＡＪＨＧＩＦのようにうつりかわって、いまはＫＪＨＬＩＭになっているとする。はじめの商店はまったくのこっていないものの、【5-021】のような図をつくることにより、ＡＢＣＤＥＦのそれぞれの跡にいま何があるかを知ることができる。

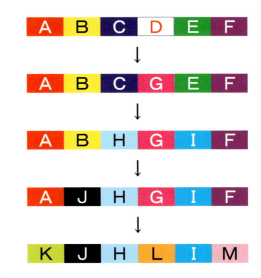

【5-021】商店などの追跡のしかた　おなじ商店の位置をそろえることで、入れかわった商店の場所がわかる。

たとえば、Ｄ商店はＧ商店にかわり、いまはＬ商店になっている。このようにして、めあての建物の場所をみつけることができる。

じっさいには、ふたつ以上の商店だったところがとりこわされて、ひとつの大きな商店ができていることもおおい。とくに、めあての商店が大きくなって、となりの土地までひろがっていることもあり、まちがいのもとになるので注意が必要である。

### 地番と住居表示をつかう

町名町界変更まえの住宅地図には建物の地番がかかれているので、これを追跡の図のなかにかきこんでおくことで、作業がやりやすくなる。町名町界変更後の住宅地図には「住居表示」が

かかれているので、地番と同じようにつかうことができる。ただし、おなじ場所であっても、建物があたらしくなるときに住居表示がかわることがあるので、まどわされないように注意が必要である。

## グーグル地図でいまの建物をさがす

住宅地図を追跡して、いまの建物の名まえがわかったら、インターネットの地図のうえでそれをさがす。

筆者がつかったのはおもにグーグル地図である。めあての建物がありそうなところを拡大すると建物のなまえがでてくる。これでみつからないときは、住居表示をつかってさがす。

## 「ストリートビュー」と「航空写真」

それらしい建物がみつかったら、「ストリートビュー」で商店などの名まえをたしかめる。みつからないときは、近所をみて、となりあわせの関係から目的の建物をわりだす。

こうして、ストリートビューで建物がわかったら、「航空写真」（グーグルではこのようによんでいる）とみくらべて、おなじ建物をさがす。ふつう、航空写真にも建物の名まえが入っているので、それでわかることがおおい。しかし、まちがって、となりの建物についているかもしれないので、めんどうでもストリートビューでたしかめるほうがよい。

## 基本図のうえでさがす

このようにして、航空写真のうえで建物をみつけたら、基本図のうえでこれとおなじものをさがす。みつかったら、基本図に原爆投下前後の空中写真をかさねて、もとの建物をトレースし、名まえを入れて完成である。

## 旧市街地の東部がかなりわかった

以上のような方法で、旧市街地の東部、とくに中島川の東岸にあたる西浜町・銅座町から銀屋町にかけてのようすがかなりわかった。

このあたりは原爆のとき火事になっていないので、当時はあまり注目されなかった。このため、地上写真がすくなく、ほかにくらべて復元作業がおくれていた場所であった。

## 出島以南は最初から追跡できず

出島町から常盤町にかけては、火事にあっていないにもかかわらず、大戦中から戦後にかけての変化がはげしく、追跡の出発点にたつことさえむずかしかった。

しかし、戦後にアメリカ軍がやってきて、このあたりに司令部をかまえた関係でわりとおおくの地上写真がのこっている。また、もと居留地だった関係でふるくから絵はがきがでていた。これらの資料によって、それなりの復元ができた。

## 1950年代にきえた会社や商店

1941（昭和16）年の『長崎商工人名録』と1950（昭和25）年の『長崎経済名鑑』をてらしあわせてみつけた商店や会社が1956（昭和31）年の『長崎地典』にのっていないことがある。これらは1950年代の前半のうちに、きえてしまったか、ほかの場所にうつってしまったかのどちらかである。

このようなときは、さらにほかの資料をさがし、ときには現地を歩いてききとりをする。そのようにしてわかった建物もあった。

## 区画整理のため追跡できないところ

原爆のときに火事にならなかったところでも、いまの魚の町から出来大工町にかけてのあたり、樺島町のあたりなどでは、1960年代から区画整理がおこなわれている。

このようなところでは、住宅地図をつかった追跡ができないので、『精密地番入』などの地図と垂直空中写真、戦後すぐのななめ空中写真をいっしょにみくらべて、場所をわりだした。

第5章　復元図ができるまで

## ⑥社史・個別聞き取り

# 最後の手段はひとつずつ情報のつみかさねで

### 社史をしらべる

　長崎で有名な会社のなかには社史をだしているところがある。筆者がみたものは、長崎自動車（長崎バス）・長崎電気軌道（長崎電鉄）・三菱重工・西部ガス・十八銀行などであった。

　長崎自動車については、のっている写真と文章をもとに本社の建物をみつけることができた。

　長崎電気軌道については、社史とともに『長崎「電車」が走る街　今昔』（田栗優一著）がとても参考になった。これらにのっている写真と地図により、電車停留所の場所をわりだすことができた。

　三菱重工については、造船所の建物の名まえを知るうえで役にたった。

　西部ガスについては、八千代製造所と大橋製造所の図がのっていたので、これらの建物のくわしい名まえがわかった。

　十八銀行については、支店の名まえとおおよその場所がわかり、ほかの資料をつかってさがすための手がかりとなった。

### 商店街の歴史

　『長崎浜の町繁昌記』（田栗奎作著）には浜市商店街の歴史がくわしくかかれている。商店街の地図がいくつかの年代ごとにのっているほか、たくさんの写真もある。さらに、ひとつずつの商店の開業や移転などがたいへんくわしくかかれている。

　これをよむことにより、原爆投下まえのようすがわかり、住宅地図で追跡した結果、東浜町については8〜9割の建物に名まえを入れることができた。

### 『長崎県警察史』

　原爆投下時の長崎には、いまの交番にあたる「巡査派出所」というものがあった。これをしらべるのに『長崎県警察史』が役にたった。これにより、復元地図の範囲にある派出所の名まえがわかり、空中写真・地上写真・地図などをしらべることで、その7割ちかくの場所をさがすことができた。

　また、警察練習所（いまの警察学校）や長崎県防空学校の写真がのっていたので、空中写真とくらべることによって、建物をわりだすことができた。

### 『長崎消防のあゆみ』

　原爆投下のとき、長崎消防署には松ヶ枝町・稲佐町・丸尾町・大橋町という4つの出張所があった。そのうち、復元地図にふくまれる稲佐町出張所と丸尾町出張所の場所がなかなかわからなかった。

　しかし、『長崎消防のあゆみ』にのっている地図をみることで、これらのおおよその場所がわかり、ななめ空中写真を注意してみることで、建物をつきとめることができた。

### 電話番号簿

　いまでいう電話帳【5-022】である。小さな本で、大戦中、最後にだされたのが1939（昭和14）年である。個人名といっしょに職業や会社などでの役職がかかれているし、県庁など官公署のばあい、課長や係長以上の自宅電話番号が

のっているなど、いまでは考えられないような資料である。もっとも、この時代は地位がたかい人にかぎって電話をもつことができたので、電話番号簿に自分のプライベート情報がのることをよろこんでいたのかもしれない。

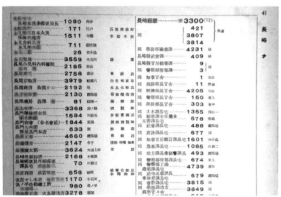
【5-022】電話番号簿（1939年7月1日現在）個人の名まえは画像をぼかして、わからないようにした。

電話番号簿には町名があるだけで、地番がのっていないため、建物の場所のきめ手にはならない。しかし、べつのつかいかたがあって、役にたった。

ひとつは医院・病院・医師・歯科医師などの文字を目印にして、すべてのページをしらべることである。そこでひろいだした名まえが場所さがしの手がかりになる。もうひとつは会社などの正しい名まえを知ることである。

### 医師や歯科医師の名簿をしらべる

電話番号簿でみつけた情報と、1947（昭和22）年の『九州医師名鑑』、1953（昭和28）年の『長崎県医師会会員名簿』、1919（大正8）年の『長崎市地番入分割図』（150ページ）から1961（昭和36）年版『ゼンリンの住宅地図』までの地図、さらに『長崎原爆戦災誌』をつきあわせて、原爆投下のときにあったと考えられる医院・病院の場所をわりだした。

歯科医院については、長崎県歯科医師会で1942（昭和17）年と1946（昭和21）年の会員名簿をみることがゆるされたので、長崎支部のぶんをかきうつして、場所をしらべた。

### 証言をよむ

長崎新聞には証言のききとりによる「私の被爆ノート」という連載があり、インターネットでも公開されている。これをひとつひとつよんでいくことによって、手がかりがみつかる。これにより場所がわかった建物がいくつもある。

### 手に入るものは何でもしらべる

ほかにも、本や新聞、インターネット上の資料など、手に入るものは何でもしらべた。ひとつの情報は小さくても、そのつみかさねで、まとまった地図ができていった。

### 商店や会社でききとり

資料をあつめるだけでは、どうしてもわからないことがあるので、いろいろな商店や会社、市役所などにでかけて、ききとりをした。これにより、貴重な情報がわかり、復元地図のなかに入れることができた。とくに鍛冶屋町については、商店街全体のようすを知ることができた。

### のこされたなぞ

被爆者の証言のなかにしばしば「長崎県食糧営団」が登場する。これは元船町と常盤町にあって、常盤町のほうのくわしい場所がわからない。いまの長崎みなとメディカルセンターのちかくということはわかっていて、候補となる建物もあるものの、それ以上のきめ手がない。

もうひとつは南満州鉄道（満鉄）長崎支社である。西山町にあったという証言以外にまったく手がかりがない。

※初版・第2版で不明としていた「出島町の川南（かわなみ）病院」の場所は情報提供により、海江田耳鼻科病院の西のとなりであることがわかった。1943（昭和18）年、ここにあった久保田産婦人科病院が閉院するときに、院長と交流のあった川南豊作（かわなみとよさく）（川南工業社長）がこれをひきとって造船所の病院にしたということである。

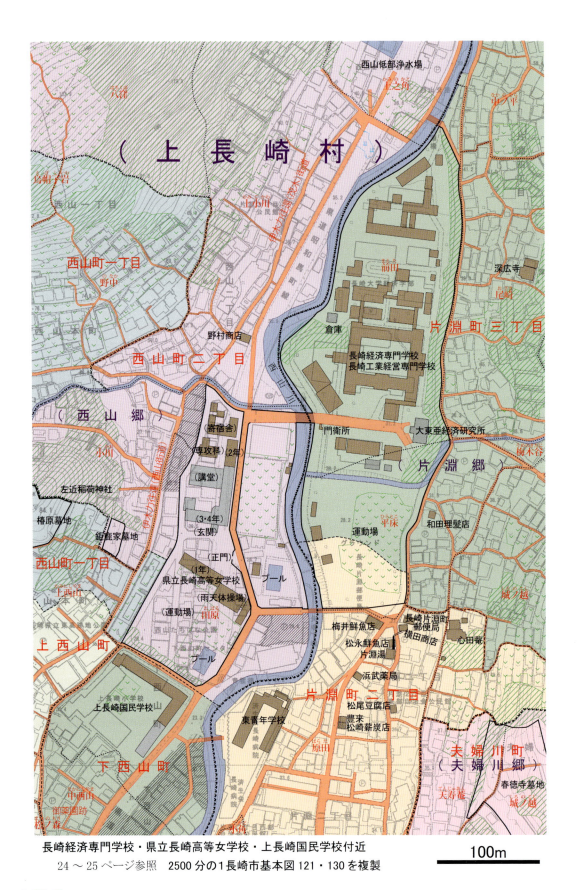

長崎経済専門学校・県立長崎高等女学校・上長崎国民学校付近
24～25ページ参照　2500分の1長崎市基本図121・130を複製
100m

# 第6章

# 地図・写真にみるいまむかし

　現代の学校や公共施設の場所は江戸時代にルーツをもつところがいくつもある。そのなかには、ながい年月にわたってほとんど姿がかわらなかったところもあれば、めまぐるしく変化をくりかえしたところもある。第6章では、地図や空中写真をつかって、これらのうつりかわりをおいかける。

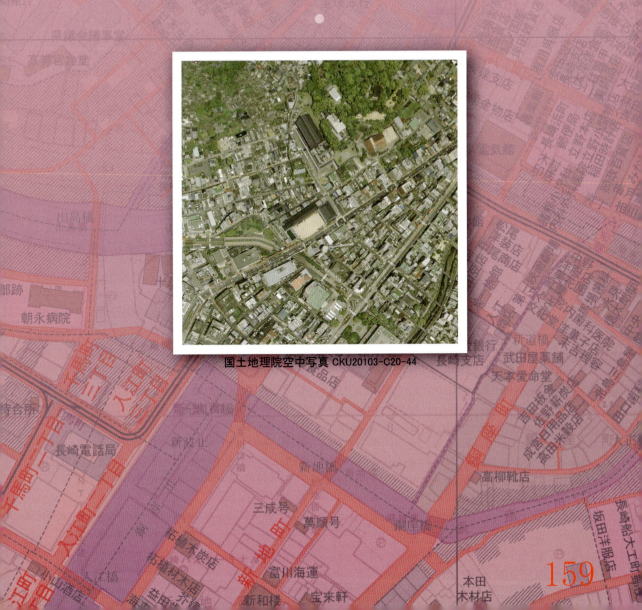

国土地理院空中写真 CKU20103-C20-44

# 第6章　地図・写真にみるいまむかし

①立山屋敷－長崎歴史文化博物館

## 奉行所跡では県の建物がめまぐるしく変わる

### 長崎奉行立山役所と岩原目付屋敷

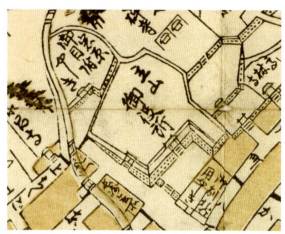

【6-001】長崎奉行立山役所の絵図（1802年）　享和二年肥前長嵜図（文錦堂）

　いまの長崎歴史文化博物館がある場所には、江戸時代に長崎奉行立山役所と岩原目付屋敷があった【6-001】。

### 府庁・県庁の時代

　江戸幕府がたおれた1868（慶応4）年閏4月、これらの跡に、いまの長崎商業高等学校のもとになった済美館が新町からうつってきて広運館と名まえをかえた。しかし、その年の8月にはこれと入れかわるかたちで西役所跡にあった長崎府庁がうつってきて、1870（明治3）年に長崎県庁となった。その後、1世紀にわたり、国や県の学校・役所がみじかいあいだにつぎつぎと入れかわり、おちつきのない場所となった。

### めまぐるしい学校の時代

　1873（明治6）年に広運学校（もとの広運館）がもどってきて、県庁と入れかわった。広運学校は翌1874（明治7）年に長崎外国語学校、その年さらに長崎英語学校と名まえをかえ、あわせて官立長崎師範学校がつくられた。

　しかし、1877（明治10）年に長崎英語学校は廃校となり、翌1878（明治11）年には官立長崎師範学校も廃校となって、かわりに伊勢町の長崎聖堂から長崎準中学校がうつってきて長崎中学校に名まえをかえ、その年のうちに県立長崎中学校となった。

　1882（明治15）年、長崎中学校は長崎外国語学校と名まえをかえたものの、1884（明治17）年には、そのなかにあらためて長崎県立中学校ができた。1886（明治19）年、長崎外国語学校は大村町の長崎区立長崎商業学校を合併して県立長崎商業学校となったあと、1889（明治22）年に区立、その年さらに市立の長崎商業学校となり、1891（明治24）年に新町（現・長崎腎病院）にうつった。

【6-002】1901年の地図　長崎県長崎中学校から長崎県立長崎中学校にかけての時代である。中央に「文」の記号がみえる。　国土地理院発行2万分の1正式図「長崎」1901年版（大日本帝国陸地測量部）

　いっぽう、県立中学校は1886年に長崎県尋常中学校となり、1899（明治32）年に長崎県長崎中学校、1901（明治34）年に長崎県立長崎中

学校と名まえをかえた【6-002】。

1908（明治41）年、長崎中学校は福富町にうつり、入れかわりに長崎県師範学校女子部が西浜町からうつってきて長崎県女子師範学校となった【6-003】。これは1923（大正12）年、桜馬場町の長崎県師範学校跡（現・桜馬場中学校）にうつり、めまぐるしい学校時代はおわりをつげた。

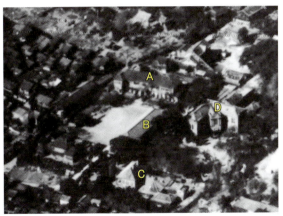
【6-004】戦後すぐの空中写真（1945年11月19日）　A：警察練習所　B：防空学校　C：知事官舎　D：県立長崎図書館　撮影／アメリカ軍　所蔵／アメリカ国立公文書館

【6-003】1924年の地図　「女師校」の文字がみえる。1923年に桜馬場町にうつったので、その直前の測量だったと考えられる。　国土地理院発行2.5万分の1地形図「長崎東北部」「長崎東南部」1924年版（陸地測量部参謀本部）

### 県庁仮庁舎・別館の時代

1947（昭和22）年から1953（昭和28）年までは県庁の仮庁舎があった。県庁が外浦町にもどったあとも、県税事務所・教育研究所など、県関係のいろいろな役所が同居して、県庁別館立山庁舎とよばれた。

### 警察の時代

長崎県女子師範学校の跡に1926（大正15）年、外浦町から巡査教習所（いまの警察学校）がうつってきた。これは1935（昭和10）年、警察練習所と名まえをかえた。

1942（昭和17）年には丸尾町から警察部防空学校がうつってきて、1943（昭和18）年には消防練習所がつくられた。さらに1944（昭和19）年に長崎県警備隊本部がおかれた。そして1945（昭和20）年、敷地内のがけに地下壕をほり、長崎県防空本部がもうけられた。こうして、立山役所跡は警察の一大拠点となった【6-004】。

1946（昭和21）年、警察練習所の跡に長崎県警察部がうつってきた。これは1948（昭和23）年に廃止され、国家地方警察（国警）長崎県本部ができた。その後、1950（昭和25）年に火事でほとんどもえてしまった。

### 美術博物館の時代がつづく

1965（昭和40）年、県立美術博物館が完成し、2002年までの40年ちかく、おちついた時代がつづいた【6-005】。

【6-005】美術博物館とユースホステル（1975年3月8日）　A：県立美術博物館　B：県立ユースホステル　C：知事公舎　D：県立長崎図書館　E：日本育英会ほか　F：派出所　G：日本銀行長崎支店　（国土地理院空中写真CKU7420-C19-9に加筆）

### 長崎歴史文化博物館の時代

美術博物館は2003年にとりこわされ、2005年に長崎歴史文化博物館ができて、いまにつづいている。

161

第6章　地図・写真にみるいまむかし

## ②代官屋敷－桜町小学校

# 戦後は県庁が仮住まい。長崎の学校変遷の縮図

### 長崎代官屋敷

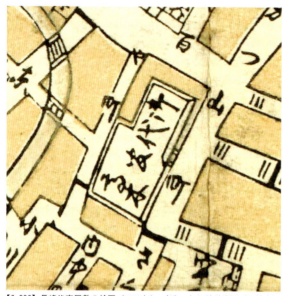

【6-006】長崎代官屋敷の絵図（1802年）　享和二年肥前長崎図（文錦堂）

　いまの長崎市立桜町小学校がある場所には長崎代官屋敷【6-006】があった。長崎代官は江戸時代後半、高木家がこれをつとめ、長崎村、浦上山里村、浦上淵村、そのほかの幕府領をおさめていた。

　最後の長崎代官だった高木作右衛門忠知は、1868（慶応4）年、江戸幕府がたおれたあと、長崎府取締役になったものの、2～3カ月でやめてしまった。1870（明治3）年、高木邸のなかに「嬰児保育所」がつくられた。いまでいう乳児保育所と考えられる。

### 長崎県最初の公立小学校

　1873（明治6）年3月、代官屋敷跡に第一番小学・向明学校ができた。これは、ほかのふたつの小学校とともに長崎県で最初の公立小学校となった。じっさいに開校したのは半年ほどあとで、あわせて女児小学・英華学校もつくられた。その年の12月には、向明学校のなかに、私塾教員むけの教員伝習所がつくられた。

### 向明学校から勝山小学校へ

　翌1874（明治7）年1月、向明学校は勝山小学校と名まえをかえ、2月には、そのなかに小学教則講習所がつくられた。8月、県庁が台風で全壊したため、学校の一部が県庁仮庁舎となった。この年の12月、ちかくに興善小学校（164ページ）ができて、一部のこどもがそこにうつった。県庁は1876（明治9）年12月、外浦町にもどった。

### 公立師範学校

　1875（明治8）年2月には小学教則講習所も興善小学校にうつり、小学教則養成所と名まえをかえた。その後も1876（明治9）年1月に小学校教師養成所、5月に長崎公立師範学校と名まえをかえて、1877（明治10）年2月に勝山小学校にもどってきた。これは官立長崎師範学校（160ページ）とはべつの学校である。

　長崎公立師範学校は、この年の4月に崎陽師範学校と名まえをかえ、11月に新町の小倉大名蔵屋敷跡（現・長崎腎病院）にうつった。

### 長崎区役所

　1878（明治11）年10月、長崎区（15ページ）ができて、区役所が勝山小学校のなかにおかれた。これは1882（明治15）年12月、磨屋町の薬師寺邸に、さらに1884（明治17）年、桜町にうつり、のちに長崎市役所となった。

## 尋常小学校・高等小学校にわかれる

1882年、勝山小学校が上等勝山小学校、長崎女児小学校が上等女児小学校と名まえをかえた。

1886（明治19）年には上等勝山小学校が尋常勝山小学校と第一高等小学校にわけられた。おなじように上等女児小学校が尋常長崎女児小学校と第一高等女児小学校にわけられた。1887（明治20）年になると尋常長崎女児小学校に幼稚科ができた。

## 勝山の名まえが一時きえる

1893（明治26）年4月、第一高等小学校が長崎高等小学校、尋常勝山小学校が長崎尋常小学校と名まえをかえた。また、第一高等女児小学校が興善町にうつって長崎高等女児小学校となり、尋常女児小学校は磨屋町にうつって長崎尋常女児小学校となった。このとき、幼稚科は長崎幼稚園となって、9月に袋町にうつった。

【6-007】1919年の地図　「勝山高等小学校」と「勝山尋常小学校」の文字がみえる。右が北東になる。　長崎市地番入分割図

1901（明治34）年、長崎尋常小学校が勝山尋常小学校になり、長崎高等小学校が勝山高等小学校となった【6-007】。さらに1924（大正13）年、これらがまとめられて勝山尋常高等小学校となった。そして、1936（昭和11）年に鉄筋コンクリート校舎（113ページ【2-075】）ができた。

## 戦時体制で国民学校となる

1941（昭和16）年、勝山尋常高等小学校は戦時体制で勝山国民学校（初等科と高等科）にあらためられ、大戦末期には長崎県警察部が疎開してきた。さらに、戦後は1947（昭和22）年3月まで校舎の一部が県庁の仮庁舎となった。

## まぼろしの「勝山中学校」

【6-008】勝山小学校（1975年3月8日）　中央は運動場、その左下は体育館　（国土地理院空中写真 CKU7420-C19-9）

1947（昭和22）年、勝山国民学校初等科は勝山小学校【6-008】となった。また、高等科は「勝山中学校」となり、しばらく小学校と同居したあと、1949（昭和24）年に本大工町（いまの長崎市民会館）にうつり、長崎中学校となった。これは県立長崎中学校（24ページ）とは関係ない。

## 桜町小学校

勝山小学校は1997年に廃校となり、校舎はそのままで、あたらしい学校として桜町小学校ができた。2000年、それまでの校舎がとりこわされ、2003年に新校舎【6-009】がつくられた。

【6-009】桜町小学校（2010年5月8日）　中央は運動場、その右上は体育館　（国土地理院空中写真 CKU20103-C20-44）

第6章 地図・写真にみるいまむかし

## ③唐通事会所－長崎市立図書館

# 戦後、救護所となり患者が殺到、後に大学病院に

### 唐通事会所

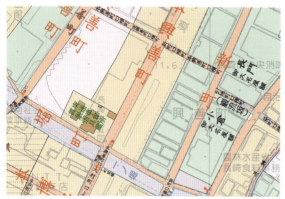

【6-010】唐通事会所と小倉大名屋敷　長崎惣町復元図（長崎文献社）

いまの長崎市立図書館がある場所の南のはし（本興善町）には、江戸時代後半に唐通事会所があった。【6-010】。

### 広運館本学局

1868（慶応4）年6月ごろ、唐通事会所跡に広運館（160ページ）の「本学局」がつくられ、ほどなく府庁跡（長崎奉行西役所跡）にうつった。

### 活版伝習所

翌1869（明治2）年6月ごろ、唐通事会所跡に長崎製鉄所附属の活版伝習所がつくられた。これは1871（明治4）年4月、製鉄所といっしょに長崎県から国（工部省）の手にうつり「活字製作並新聞紙局」となった。そして、11月には東京の工部省勧工寮活字局にとりこまれた。

### 興善小学校と師範学校

1874（明治7）年、勝山小学校（162ページ）からわかれて興善小学校がつくられた。翌1875（明治8）年には勝山小学校から小学教則講習所がうつってきて小学教則養成所となり、1876（明治9）年1月に小学教師養成所、5月に長崎公立師範学校と名まえをかえた。これは1877（明治10）年2月に勝山小学校にもどったあと、4月に崎陽師範学校と名まえをかえて、11月に新町の小倉大名屋敷跡にうつった（166ページ）。

### 尋常興善小学校

1882（明治15）年、興善小学校の校舎が改築され、その年に中等興善小学校と名まえをかえた。さらに1886（明治19）年、尋常興善小学校と名まえをかえた。そして1893（明治26）年、尋常興善小学

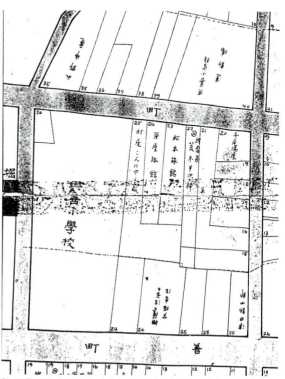

【6-011】1919年の地図　左やや下に「興善小学校」、右上すみに「興善小学校運動場」の文字がみえる。右が北東になる。長崎市地番入分割図

校は廃校となり、長崎高等女児小学校がつくられた。これは1901（明治34）年に興善女児高等小学校となって、翌年には西山郷（現・上長崎小学校）にうつり、西山女児高等小学校となった。この前後に興善尋常小学校が復活したようである。

### 新興善尋常小学校

1934（昭和9）年、新町尋常小学校と興善尋常小学校がいっしょになり、あたらしく新興善尋常小学校ができた。場所は興善尋常小学校の跡である。1936（昭和11）年には鉄筋コンクリートの新校舎（112ページ【2-074】）ができた。

1941（昭和16）年、新興善尋常小学校はほかの小学校とおなじように新興善国民学校となった。1945（昭和20）年4月には市役所の疎開事務所として、総務部戸籍課・兵事課と戦時生活部厚生課が学校のなかにうつってきた。そして7月に救護所となった。

### 救護所から長崎医科大学附属第一医院へ

原爆投下のすぐあとから新興善国民学校には、けがをした人が殺到した。いくつかあった救護所はここにまとめられ、8月16日に長崎医科大学「新興善救護病院」となった。さらに10月には仮の長崎医科大学附属医院となり、国民学校の授業はほかの学校にちらばっておこなわれた。11月になると長崎医科大学の本部が長崎経済専門学校からうつってきて、新興善国民学校は1946（昭和21）年2月に寺町の皓台寺にうつった。

1947（昭和22）年4月、長崎医科大学附属医院は附属第一医院と名まえをかえ、9月に長崎医科大学本部の一部が坂本町にもどった。1948（昭和23）年7月、附属第一医院のなかにABCC（原爆傷害調査委員会、アメリカの調査機関）がつくられ、1950（昭和25）年、桜馬場町にうつった。

### 新興善小学校の仮校舎と長崎大学本部

1949（昭和24）年、皓台寺から新興善小学校が附属第一医院のうら手の仮校舎にうつってきた。また、長崎医科大学が長崎大学医学部となり、附属医院が附属病院と名まえをかえた。翌1950年、長崎大学医学部が外来診療所をのこして坂本町にもどり、諫早市から長崎大学の本部がうつってきた。

### 新興善小学校がもとの校舎にもどる

1951（昭和26）年、長崎大学本部と附属病院外来診療所がうら手にうつり、新興善小学校がもとの校舎にもどった【6-012】。

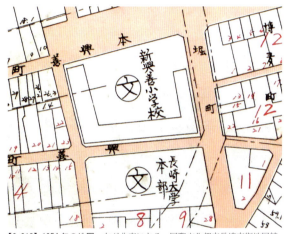

【6-012】1954年の地図　左が北東になる。国際文化都市長崎市街地図精密地番入

### 新興善小の廃校と諏訪小・桜町小の仮校舎

1997年、新興善小学校は廃校となった。同時に、新興善小学校跡はあたらしくできた諏訪小学校の仮校舎となった。2000年になると諏訪小学校が磨屋小学校（113ページ）跡の新校舎にうつり、入れかわりに桜町小学校の仮校舎となった。

そして2003年、桜町小学校が新校舎（163ページ【6-009】）にうつり、2004年に新興善小学校の校舎はとりこわされた。

### 長崎市立図書館

新興善小学校の跡地には2008年に長崎市立図書館ができた。そのかたすみに新興善小学校と新町尋常小学校の門柱がたっている。

第6章 地図・写真にみるいまむかし

## ④小倉屋敷－長崎腎病院

# 明治初期に「長崎新聞」を発行、その後学校に

### 小倉大名屋敷

いまの長崎腎病院の場所（新町）には小倉大名屋敷があった【6-013】。となりには長門大名屋敷があったので、そのあいだの坂を関門海峡の巌流島（船島）にみたてて「巌流坂」とよぶ。

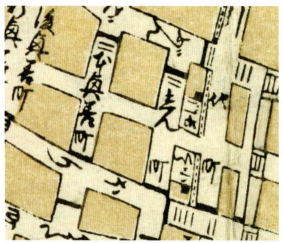

【6-013】小倉・長門大名屋敷の絵図（1802年） 享和二年肥前長崎図（文錦堂）

### 長崎新聞

1873（明治6）年、小倉大名屋敷跡で「長崎新聞」（大戦末期やいまの長崎新聞とは関係ない）の編集がおこなわれた（印刷は長門屋敷跡）。しかし、その年のうちに廃刊となった。

### 師範学校

1877（明治10）年2月に勝山小学校にうつった長崎公立師範学校（162ページ）は、4月に崎陽師範学校と名まえをかえて、11月に新町の小倉屋敷跡にうつってきた。12月にはあわせて附属小学校がつくられた。翌1878（明治11）年、長崎県師範学校と名まえをかえ、さらに1886（明治19）年、長崎県尋常師範学校と名まえをかえた。そして1889（明治22）年、馬場郷（いまの桜馬場中学校）にうつった。

### 長崎商業学校と新町尋常小学校

1891（明治24）年、長崎商業学校（160ページ）が立山役所跡から尋常師範学校跡にうつってきた。しかし、1999（明治32）年には馬場郷（いまの伊良林小学校の一部）にうつっていった。

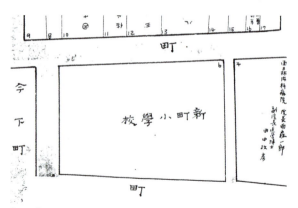

【6-014】1919年の地図 「新町小学校」の文字がみえる。右上が北になる。長崎市地番入分割図

1902（明治35）年、長崎商業学校の跡に新町尋常小学校がつくられた。翌1903（明治36）年には、新橋高等小学校がうつってきて、新町高等小学校に名まえをかえた。

1908（明治41）年になると新町高等小学校のなかに私立清韓露学校がつくられた。これはのちに長崎高等商業学校（25ページ）にとりこまれた。さらに1919（大正8）年【6-014】、新町尋常小学校のなかに新町女子実業補習学校がつくられた。これは1924（大正13）年、新町女子専修学校と名まえをかえた。

1934（昭和9）年、新町尋常小学校と興善尋

常小学校が合併し、興善尋常小学校の跡に新興善尋常小学校ができた。

### 長崎女子商業学校

新町尋常小学校がなくなって2年後の1936（昭和11）年、興福寺から長崎女子商業学校（113ページ）がうつってきた。木造の校舎【2-077】は原爆の火事で全焼した。戦後は長崎市立高等女学校（現・桜馬場中学校）、佐古国民学校（125ページ）の一部をかりて授業をおこなったあと、1947（昭和22）年に酒屋町（現・長崎女子商業高等学校）にうつった。高等学校になったのはその翌年である。

### 長崎食糧事務所

1947（昭和22）年5月、五島町に農林省食糧庁長崎食糧事務所がつくられ、1950（昭和25）年までに長崎女子商業学校跡の一部にうつってきた。のこりの跡地は切り売りされて民有地になった【6-015】【6-016】。

1965（昭和40）年になると長崎食糧事務所の建物が鉄筋コンクリートにかわった【6-017】。その後、1970年代に敷地が北東にひろがり、長崎食糧事務所長崎支所ができた。これは2000年ごろ福岡食糧事務所長崎事務所別館となった。

【6-017】1966年の空中写真（1966年12月16日） A：長崎食糧事務所 B：新興善小学校 C：長崎市消防局（国土地理院空中写真 MKU669X-C14-5に加筆）

### 長崎腎病院

2003年、全国の食糧事務所とともに長崎食糧事務所が廃止され、建物は2010年にとりこわされた。翌2011年、ダイヤランドの桜町病院と筑後町の桜町クリニックがうつってきて、長崎腎病院となった【6-018】。

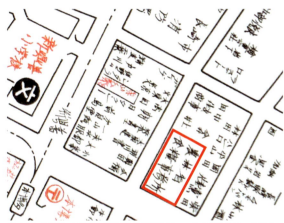

【6-015】1956年の地図 「農林省食糧事務所」の文字がみえる。上が北になる。長崎地典

【6-016】1962年の空中写真（1962年9月26日） A：長崎食糧事務所 B：新興善小学校 C：長崎市消防局 D：長崎本博多郵便局 上の地図とむきをそろえている。（国土地理院空中写真 MKU628-C11A-8に加筆）

【6-018】長崎腎病院（2020年6月28日） 現・興善町 看板の下のはしにみえる「こくら庵」は小倉大名屋敷にちなんだ名まえである。

## ⑤桜町牢屋敷－市役所別館

# 商工会議所のうつくしい建物にはNBCもあった

### 桜町牢屋から長崎監獄へ

　長崎市役所別館の場所には桜町牢屋があった【6-019】。これは、1874（明治7）年に長崎本獄、1876（明治9）年に長崎監獄と名まえをかえた。1881（明治14）年、片淵郷にあたらしい監獄ができて、翌年、ここに桜町の監獄がうつった。

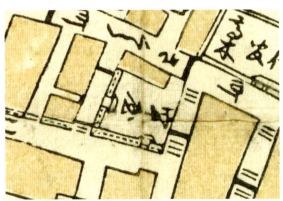

【6-019】桜町牢屋の絵図（1802年）　享和二年肥前長崎図（文錦堂）

### 西彼杵郡役所

　1878（明治11）年、岩原目付屋敷跡に西彼杵郡役所ができた。これが1884（明治17）年～1901（明治34）年に桜町にうつってきた【6-020】【6-022】。これは1926（大正15）年に廃止された。

### 長崎税務監督局と長崎税務署

　1896（明治29）年、長崎税務署がつくられ、はじめは新町にあった。1902（明治35）年、長崎税務監督局がつくられ、1908（明治41）年、桜町の新庁舎にうつってきた。このとき、長崎税務署もやってきた（直前にこれらがどこにあったのか不明）。しかし、翌1909（明治42）年に長崎税務監督局が廃止され、そのあとに長崎税務署【6-021】がのこった。これは1919（大正8）年、大村町の仮庁舎にうつり、1921（大正10）年、本大工町にうつった。

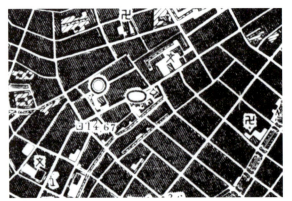

【6-020】1901年の地図　中央の楕円は西彼杵郡役所、その右のひし形のような記号は税務署、中央左の二重まるは長崎市役所、中央右上の「文」は勝山尋常小学校と勝山高等小学校　国土地理院発行2万分の1正式図「長崎」1901年版（大日本帝国陸地測量部）

【6-021】長崎税務署（絵はがき）　桜町　写真の道路の右はしがいまのセンターラインにあたり、いま市役所前から長崎駅前にむかうバスは、当時の税務署のまえで左折している。　ブライアン・バークガフニ著『華の長崎』より

### 長崎商業会議所から商工会議所へ

　1919年、長崎税務署の跡に大村町から長崎商業会議所がうつってきた。これは税務署が商業会議所のねがいをきいて実現したものである。
　翌1920（大正9）年、大がかりな改築がおこなわれ、建物の姿がかわった【6-023】。その後、

【6-022】1919年の地図 「西彼杵郡役所」「長崎税務署」の文字がみえる。右上が北になる。長崎市地番入分割図

1928（昭和3）年、長崎商業会議所は長崎商工会議所と名まえをかえた。

【6-023】長崎商業会議所（絵はがき） 桜町 税務署のときの建物とは、正面のかべや屋根のかたちが大きくかわっている。 ブライアン・バークガフニ著『華の長崎』より

1943（昭和18）年、戦時体制で商工業者を強制的に入会させ、支配するために長崎県商工経済会がつくられ、商工会議所は解散させられた。1945（昭和20）年8月（原爆投下後）、長崎医科大学がみじかいあいだ長崎県商工経済会のなかに大学本部と附属医院をおいた。

1946（昭和21）年、あらためて株式会社長崎商工会議所がつくられた。1950（昭和25）年、建物の内部が火事になり、修復された。1953（昭和28）年には商工会議所のなかにラジオ長崎が開局した【6-024】。これは翌年、長崎放送（NBC）と名まえをかえ、1962（昭和37）年、東中町（いまの場所）にうつった。さらに商工会議所も1964(昭和39)年、大黒町の交通産業ビル（県営バスターミナルの建物）にうつった。

## 市役所水道局・建設局

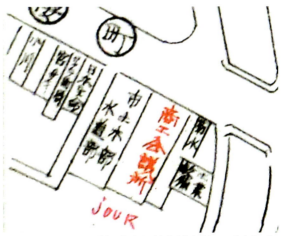

【6-024】1956年の地図 「商工会議所」「市土木部水道部」の文字がみえる（正しくは水道局）。右上が北になる。JOURはラジオ長崎のコールサインである。 長崎地典

### 水道局

商工会議所の南西がわは大戦末期に強制疎開地となったあと、1950年代には市役所の水道局と建設部の建物があった【6-024】。1961（昭和36）年、これらの跡にあたらしい水道局の建物（鉄筋コンクリート地上2階地下2階）ができた。

### 市役所別館

1964（昭和39）年、国道34号線をひろげるために長崎商工会議所跡の建物がとりこわされ、長崎市役所別館（地下2階地上4階）がつくられた。このとき、水道局の建物が地上4階まで増築され、市役所別館とつながって、ひとつの建物になった【6-025】。

【6-025】長崎市役所別館（2020年6月28日）

第6章　地図・写真にみるいまむかし

## ⑥三菱兵器大橋工場－長崎大学

# 原爆で全滅した兵器工場跡にまぼろしの長崎精機

### ふたつの集落と田んぼ

【6-026】1901年の地図　「小路」はいまの長崎大学教育学部、「梶畑」は薬学部から総合体育館にかけてのあたり、「西畑」は北門まえの丘である。
国土地理院発行2万分の1正式図「長崎」1901年版（大日本帝国陸地測量部）

【6-027】長崎精機製作所（1948年1月13日）　原爆でくずれた兵器工場の建物はかたづけられ、敷地の一部にあたらしい工場がつくられている。
A：長崎造船所船型試験場　B：長崎師範学校跡　C：西浦上小学校（国土地理院空中写真USA-R216-45に加筆）

いまの長崎大学文教キャンパスあたりは浦上最大の平地に田んぼがひろがっていて、小路・梶畠というふたつの集落があった【6-026】。

### 市営屠場

長崎大学学生会館から学生食堂のあたりに1922（大正11）年、いまの松山町から長崎市営屠場がうつってきた。これは兵器工場の建設により、1944（昭和19）年、いまの赤迫町にうつった。

### 兵器製作所・精機製作所と船型試験場

1939（昭和14）年、三菱兵器製作所大橋工場（48ページ）の建設がはじまった。このため、住民は本原町・上野町・岡町などにうつった。工場が完成したのは1942（昭和17）年末であった【2-016】。

1943（昭和18）年には三菱長崎造船所から船型試験場（48ページ）がうつってきた。

兵器工場は原爆で全滅し、1946（昭和21）年に長崎精機製作所（はかりをつくる工場）として再出発した【6-027】。しかし、うまくいかず、1951（昭和26）年、長崎造船所にとりこまれ、幸町工場などにうつった。

### 西浦上尋常高等小学校・長崎県師範学校

1926（大正15）年以降、東北郷宮本から西浦上尋常高等小学校がいまの附属小学校の運動場にうつってきた。宮本の跡地には、のちに三菱兵器住吉寮がつくられた。1937（昭和12）年、桜馬場町から長崎県師範学校が西浦上の新校舎にうつってきて、西浦上尋常高等小学校は1937（昭和12）年に師範学校の代用附属小学校となり、1941（昭和16）年に国民学校となった。長崎県師範学校は1943（昭和18）年に官立長崎師範学校男子部（37ページ）となった。

原爆のとき、長崎師範学校は寄宿舎が全焼し

た。本館と講堂は火事にならなかったものの、爆風によって内部は壊滅し、西浦上国民学校の校舎がつぶれた。

戦後、長崎師範学校は大村市にうつり、1949（昭和24）年、長崎大学学芸学部となった。西浦上国民学校はもとの場所に仮校舎をたてたあと、1947（昭和22）年に西浦上小学校と西浦上中学校となって、小学校は翌1948（昭和23）年、中学校は1951（昭和26）年に、それぞれいまの場所にうつった。

## 工業高校と長崎大学

1950（昭和25）年、長崎工業高等学校が大村市の仮校舎から兵器製作所跡の北西部分にうつってきた。1951（昭和26）年には薬学部が長崎大学経済学部から師範学校跡の校舎にうつってきた。さらに1953（昭和28）年、大村市から学芸学部が精機製作所跡にうつってきて、そのなかに1954（昭和29）年、附属小学校と附属中学校ができた【6-028】。

1955（昭和30）年には附属中学校が西浦上小学校跡にうつり、大学本部が興善町からうつってきた。1961（昭和36）年になると佐世保から水産学部がうつってきた【6-029】。

1963（昭和38）年には附属中学校の木造新校舎が完成、1966（昭和41）年には工学部ができ

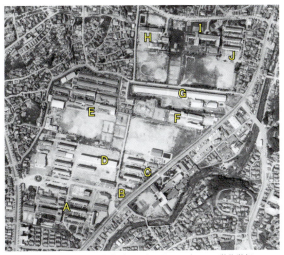

【6-029】1960年代の長崎大学（1962年9月26日）　A：学芸学部　B：附属幼稚園　C：附属小学校　D：水産学部　E：長崎工業高等学校　F：三菱社宅　G：三菱船型試験場　H：西浦上中学校　I：薬学部　J：附属中学校　（国土地理院空中写真 MKU628-C8-12 に加筆）

るとともに、学芸学部が教育学部と名まえをかえて、新築校舎（いまの建物）にうつった。

## 大学がいまの姿にちかづく

1968（昭和43）年、附属中学校の鉄筋コンクリート新校舎が完成、木造旧校舎に附属小学校がうつった。また、附属幼稚園がいまの場所にうつった。1969（昭和44）年、もとの附属小学校・幼稚園の場所に薬学部の新校舎ができた。1970（昭和45）年、もとの薬学部の場所に附属小学校の新校舎ができた。そして、1971（昭和46）年、工業高等学校が岩屋町にうつった【6-030】。

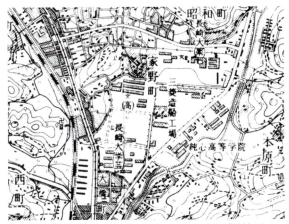

【6-028】1954年の地図　「家野町」の文字の左下は長崎工業高校である。「三菱造船工場」の左は精機製作所跡で工場は廃止されている。「菱」の文字のあたりの左右に長い建物は船型試験場。　国土地理院発行2.5万分の1地形図「長崎西北部」1954年版（地理調査所）

【6-030】1970年代の長崎大学（1975年2月26日）　A：教育学部　B：教養部　C：工学部　D：水産学部　E：薬学部　F：総合体育館　G：西浦上中学校　H：附属幼稚園　I：附属中学校　J：附属小学校　（国土地理院空中写真 CKU7420-C17-10 に加筆）

**三菱重工・船型試験場**（2020年3月3日）　現・文教町　原爆で大破しながらも修復され、いまも現役でつかわれている。爆風によって全体が北（写真では右）にかたむいたままで、「被爆の痕跡」がある建物のうち最大のものである。48ページを参照。

**長崎医科大学射撃場の境界標**（2020年8月7日）　現・西町　射撃場跡のそばにある民家の敷地で発見された。戦後しばらくして、もとの場所から移動していたと思われる。旧字体「長崎醫科大學」の文字がはっきりとみえる。うら面には「境界標」とほられている。44ページを参照。

## 第7章

# 被爆前の長崎を見つける

　長崎のまちを歩くと原爆投下以前にできた建物や橋がみられる。また、こうしたものがないところでも、よくみると門柱や石柱、ときには土地の境界線がのこっていることがある。

　最終章では、身近なところにありながら、気づかずにとおりすぎている歴史の証人をたずねていく。

# 第7章　被爆前の長崎を見つける

## ①路面電車の線路跡

## 土地の境界線にいまも線路跡の痕跡がのこる

### 電車線路のなごり

　原爆投下まえの電車線路は、おおくの場所でいまとちがうところを走っていた。跡にはレールも敷石ものこっていない。しかし、注意してさがすと、いろいろな場所に痕跡がみつかる。

### ココウォークまえの歩道

【7-002】旧・井樋ノ口停留所付近（2020年6月28日）　現・銭座町停留所まえ　手すりの右がわが水路の跡で、左がわが線路の跡である。あずま屋のむこうの道路をよこぎるところに井樋ノ口停留所があった。

【7-001】ココウォークまえの歩道（2020年6月28日）　茂里町　みぞのふたの左はしをさかいに右がわに水路、左がわに線路があった。車道のうちいちばん右の車線も線路の跡である。

　ココウォークまえの歩道をみるとみぞのふたが一直線にならんでいる。これをふくめて建物とのあいだには幅5mぐらいの水路があった。ふたよりも車道にちかい部分と、車道のうち歩道に接する車線は線路の跡である【7-001】。

### 銭座町停留所まえの花壇

　銭座町停留所の南西の歩道そばに、あずま屋があって、そのまわりの地面が歩道よりもたかくなっている。このあずま屋の北西に、花壇とうえこみがほそ長くのびている【7-002】。電車の線路はこれにそって走っていた。

### 寿橋そばにのこる橋脚

　宝町バス停の南にある丁字川には電車鉄橋の橋脚がのこっている。銭座町停留所まえから長崎駅前にむかう直線道路の中ほどに寿橋（ことぶきばし）という小さな橋があり、その西がわに電車鉄橋の橋脚がある。よくみると、寿橋の歩道の下に橋台がのこっているのがわかる【7-003】。

【7-003】寿町橋梁の跡（2013年5月21日）　寿橋そば　中央下が上り線の橋脚で、右にある寿橋の下、むこう岸にみえるのが下り線の橋台である。

## 岩原川の橋台

【7-004】大和橋と電車鉄橋の橋台（2013年6月15日）　左3分の1が路面電車「大和橋橋梁」の橋台、右3分の2が県道「大和橋」の橋台である。奥のほう中央から左にかけてアミュプラザの建物がみえる。

　長崎駅前アミュプラザの南、岩原川の両岸に県道「大和橋」と電車鉄橋「大和橋橋梁」の橋台がのこっている【7-004】。この数年、根もとが洗いながされ、橋台がくずれはじめているので、いそいで修復する必要がある。

## 桜町から古町に電車が走った急坂の跡

　勝山町と桶屋町が接するところに「勝山市場」があった。ここは桜町の峠をこえる電車がとおる急坂であった。戦後、電車の線路が切りとおしのほうにうつったあと、坂道のうえに市場がつくられた【7-005】。しかし、しだいに市場はすたれて、2019年に最後の店がなくなった。市場跡はマンションになることがきまっている。

【7-005】急坂にたてられた勝山市場（2017年5月3日）　勝山町　線路の跡にできた市場の建物をそとからみたところ。

## 不自然にひろい古町の道路

【7-006】線路跡のひろい道路（2017年5月3日）　古町　道路の右半分が線路の跡である。

　勝山町から古町にでると、幅が不自然にひろい道路がある【7-006】。これは電車の線路がとおっていたあとである。もとは半分の幅だった道がひろげられ、そこに線路がしかれた。いまの電車どおりにでるところには古町停留所があり、西浜町〜蛍茶屋の線路につながっていた。

## 千馬町停留所跡

　いまの出島停留所と新地中華街停留所のあいだに「千馬町」という停留所があり、乗客はここでのりかえていた。千馬町から大浦までは単線の線路が一直線にのびていた【7-007】。

【7-007】千馬町停留所跡（2013年6月15日）　現・出島町　線路は道路の右はしをとおっていた。「止まれ」のあたりで線路がふたまたにわかれ、直進する線はいきどまり、写真で右のほうにまがる線は大橋いきの線につながっていた。右がわのいちばん手まえの建物は「長崎電気軌道出島ビル」で、この場所に待合所がたっていた。

第7章 被爆前の長崎を見つける

②焼けのこった建物

# 修復されていまもつかわれる教会や銀行

### 火事にたえた建物

　旧市街には原爆の火事にあって修復された建物や、そばに火がせまりながら無事だった建物があった。そのほとんどは戦後とりこわされてしまった。そのなかでかろうじて現存するものをとりあげることにする。

### カトリック中町教会

【7-008】中町教会（2020年6月28日）　現・中町　2階部分のかべは戦後につくられたものである。

　長崎駅ちかくにあるカトリック中町教会の聖堂【7-008】はかつて西中町天主堂とよばれていた。レンガづくりで、屋根が1階と2階の2段になっていて、正面両わきのかべがひくく、奥にひっこみ、塔がめだっていた。
　原爆の爆風で屋根がくずれたあと、長崎駅のほうからひろがってきた火事によって全焼し、1階のかべと塔だけがのこった。これらをいかして、屋根と2階部分のかべをつぎたすかたちで、1951（昭和26）年、聖堂が再建された。
　いま、かべはまっ白であるが、1階部分ではレンガが中にのこされている。

### 旧・長崎警察署

【7-009】旧・長崎警察署（2018年6月27日）　現・江戸町　3階の部分は木造で、戦後につくられた。左うしろにあるのは撮影当時にのこっていた旧・県庁本館である。

　大波止交差点から浜町にむかってすすむと、のぼり坂（旧県庁坂）の起点に歴史を感じさせる鉄筋コンクリートの建物がみえる【7-009】。
　これは長崎警察署の建物だったところで1923（大正12）年にたてられた。原爆のときは爆風をうけたあと、となりにあった県庁が火事になったものの、火はそこでとまった。
　戦後も1968（昭和43）年まで警察署としてつかわれ、その後は県庁別館となった。2018年、県庁が尾上町にうつったあと空き家になっている。被爆の痕跡がないということもあって、とりこわしの危険にさらされている。
　これまでもおおくの建物がおなじような理由をつけてとりこわされてきた。しかし、原爆の爆風をうけ、火事にさらされながら、建物がのこったという事実そのものに意味がある。そもそも、被爆遺構であるかどうかに関係なく、時のながれをのりこえた歴史的な建築は保存すべきである。

## 小野原本店

【7-010】小野原本店（2020年6月29日）　現・築町　右上の大きな建物は「メルカつきまち」

　メルカつきまちの南に接して、「小野原本店」という、からすみを中心とする海産物専門店がある【7-010】。この建物は1926（大正15）年にたてられ、原爆のときは火事がとなりまでせまりながら、もえずにのこった。これは木造でありながら、外かべをしっくいにして、窓に鉄のとびらをつけるなど、防火対策がほどこされていて、まわりの火がうつらなかったからである。

## 猪ノ口屋

【7-011】レストランバー猪ノ口屋（2020年6月29日）　現・栄町

　眼鏡橋の下流にある袋橋から西にむかい、電車どおりをこえて、20mほど入ったところに「レストランBAR猪ノ口屋」（猪ノ口屋酒店）という木造の建物がある【7-011】。これは原爆の火事で

【7-012】眼鏡橋ちかくの空中写真（1945年8月28日）　現・猪ノ口屋の左や下にあった建物はもえてしまった。　撮影／アメリカ軍　所蔵／アメリカ国立公文書館

となりが全焼したにもかかわらず、火がうつらず奇跡的にたすかった【7-012】。

　当時、この建物が何につかわれていたか不明である。猪ノ口屋酒店はもともと今下町にあり、原爆の火事でもえたあと、現在地にうつってきて、いまにつづいている。

## 長崎銀行本店

【7-013】長崎銀行本店（2020年6月28日）　現・栄町　長崎無尽が発展して1951（昭和26）年に長崎相互銀行、1989年に長崎銀行となった。

　眼鏡橋から電車どおりにでてくると交差点のかどに長崎銀行本店がみえる【7-013】。これは1924（大正13）年にたてられたもので、当時は「長崎無尽株式会社」という名まえであった。

　原爆のときに火事がもえうつり、内部が全焼した【7-012】。しかし、かべがのこり、建物が修復されて、いまもおなじ会社によってつかわれている。かべの石はむかしのままである。

## ③街なかのふるい建物

# 創建時からつづく商店も原爆被害から生きのこる

**まちにとけこむ歴史的な建築**

　原爆のとき火事にならなかった旧市街地東部や出島以南では、有名な観光地になっている建物がたくさんある。しかし、まちのなかにもこれらに匹敵する歴史的な建築があって、ふだんの生活のなかにとけこんでいる。

**長崎市市民活動センター**

【7-014】長崎市市民活動センター（2020年7月2日）　馬町　左半分は手まえにひろがっていた。その跡がかべにのこっている。

　諏訪神社の参道入口から国道34号線にそって勝山町のほうに140mほどすすむと左手に長崎市市民活動センター「ランタナ」という洋館風の建物【7-014】につく。これは1922（大正11）年にたてられた旧・山野辺寅雄邸で、大戦末期は同盟通信社長崎支局があった。

　1947（昭和22）年、長崎市によって買いとられ、翌年、市立博物館が炉粕町からうつってきた。1955（昭和30）年、博物館が浜口町の長崎国際文化会館にうつり、つぎは市長公舎となった。1988（昭和63）年、市長公舎が玉園町にうつり、2008年から市民活動センターとなっている。

　もともと、いまの国道の車道部分までひろがっていたものが、道幅をひろげるときにとりのぞかれて、いまのかたちになった。

**旧・安井内科小児科医院**

【7-015】旧・安井内科小児科医院（2020年6月29日）　諏訪町　いまは民家となっている。

　眼鏡橋の上流にある魚市橋から東にむかって30mほどすすむと右手にこじんまりとした洋館がみえる【7-015】。これは安井内科小児科の建物だったところで、このデザインは当時の医院・病院によくみられた。建物本体のほか、門柱とへいも歴史を感じさせる。いまはふつうの民家になっている。

**岩永梅寿軒**

　眼鏡橋から東にすすみ中通り商店街に入ると左前方のかどに岩永梅寿軒（いわながばいじゅけん）という和菓子店がある【7-016】。これは1830（天保元）年にできた歴史のふるいお店で、いまの建物は1902（明治35）年にたてられた。むかしながらの和風建築がうつくしい。

【7-016】岩永梅寿軒（2020年6月29日）　現・諏訪町　原爆の爆風により店さきの柱が右にかたむいている。

店さきで柱をみるとななめにかたむいているのがわかる。これは原爆の爆風が原因である。

## 常岡歯科診療所

【7-017】常岡歯科診療所（2020年6月29日）　現・油屋町

思案橋にちかい鍛冶屋町商店街から旧・八坂町に入って100mほどすすむと右がわに常岡歯科診療所という文字がみえてくる。そこには、くろいかべに鉄とびらのついた窓、かわら屋根のずっしりとした建物がある【7-017】。

これは昭和初期にたてられたもので、原爆投下以前からずっと常岡歯科のままである。このような建物でありながら、内がわは現代的なつくりになっていて、ふるさをまったく感じさせない。これは歴史的な遺産をのこして、実用にいかす、ひとつのよい方法である。

## 福砂屋本店

【7-018】福砂屋（2020年6月29日）　船大工町

カステラで有名な福砂屋の本店は花街・丸山の入口にある【7-018】。お店ができたのは1624（寛永元）年、いまの建物ができたのは明治初期というから120年以上たっていることになる。

## 印刷会館

【7-019】印刷会館（2019年12月16日）　現・出島町　3階は戦後につくられた。

出島と新地中華街をむすぶ電車の線路ぞいに「印刷会館」という建物がある【7-019】。ここは原爆投下時、日本殖産株式会社という貸金会社であった。戦後は1965（昭和40）年ごろまで日本生命長崎支店があり、1970年代から、いまの印刷会館となっている。

窓のかたちが1・2階と3階でちがっていて、つくられた年代をあらわしている。

第7章 被爆前の長崎を見つける

## ④長崎医科大学

# 知られざる被爆前の遺構が構内にいくつも

### 「注目されない」遺構をさがす

長崎大学医学部には原爆にかんする遺構がたくさんある。爆風でかたむいた旧・長崎医科大学正門をはじめ、配電室（現・ゲストハウス）、防空壕跡、グビロが丘などがよく知られているし、原爆でこわれた建物の石材が展示され、記念碑のかたちで利用されている。

しかし、これらのかげでほとんど注目されない遺構もある。ここでは、そのようなものをいくつかとりあげることにする。

【7-021】長崎医科大学附属医院（原爆投下後1945年9月5日以前）　現・長崎大学歯学部・長崎大学病院　撮影／アメリカ軍　所蔵／アメリカ国立公文書館　提供／長崎原爆資料館　6-45-05-04-0001

### 附属医院入口の地下道

【7-020】附属医院の入口地下道跡（2020年2月11日）　現・長崎大学歯学部　いまはかべでふさがれ、奥はうめられている。両わきのコンクリートかべ、左の石垣は原爆投下まえの姿をのこしている。

### 旧・長崎医科大学正門まえの石だたみ・石垣

【7-022】旧・長崎医科大学正門と石だたみ・石垣（2020年2月11日）　長崎医科大学の玄関までの道は、門から左奥のほうにむかって、ゆるいのぼり坂がつづき、そのさきで右カーブしていた。

浜口町商店街のほうから長崎大学歯学部の坂道をのぼっていくと、その中ほどの左がわになぞめいたコンクリートのかべがみえる【7-020】。これは附属医院の玄関（いまの歯学部本館のあたり）にむかう地下道【7-021】の跡である。これは戦後もつかわれたあと、1980（昭和55）年ごろ、歯学部本館の新築にともない、ふさがれた。

大学病院から旧・長崎医科大学正門にむかう道は石だたみになっていて、そのわきには石垣がある【7-022】。これらは原爆投下まえとおなじ姿でのこっている。石垣をみると石材のかたちが正方形で水平づみになっているのがわかる。このような石垣は、明治・大正期におおく

【7-023】長崎医科大学正門付近（原爆投下後1945年9月5日以前）　現・長崎大学医学部・長崎大学病院　ななめの矢印のさきが爆風でかたむいた門柱、石垣の左はしがもうひとつの門柱、それらのあいだの白い物体は爆風でたおれたコンクリート門柱である。撮影／アメリカ軍　所蔵／アメリカ国立公文書館　提供／長崎原爆資料館　6-45-05-04-0001

【7-025】通用門跡の門柱（2020年2月11日）　奥にグラウンドがみえている。

つくられたもので、旧県庁のまわりや鳴滝高等学校の入口などにもみられる。

　原爆投下後の空中写真【7-023】には正門の門柱のあいだに白い物体がうつっている。これは、当時いっしょにたっていたコンクリート門柱が爆風でたおれたものである。これはいまも現地で展示されている。

## グラウンドのスタンドと通用門

【7-024】グラウンドのスタンド（2020年2月11日）　建物があたらしくつくられたときに、東部分がこわされている。西（奥のほう）のはしは爆風で欠けたかたちがそのままのこっている。左がわのたかいところに医学専門部があった。

　スタンドの上段（南がわ）には1940（昭和15）年から原爆投下のときまで医学専門部があった。

　バスどおりにでると通用門の跡がみえる【7-025】。以前はしげみにかくれて、ほとんどみえなかったこともあり、存在そのものが知られていない。おもての道路は戦後につくられたもので、原爆投下まえはほそい路地がとおっているだけであった。

【7-026】長崎医科大学グラウンドと医学専門部跡（原爆投下後）　現・長崎大学医学部　撮影／アメリカ軍　所蔵／アメリカ国立公文書館　提供／長崎原爆資料館　6-45-05-00-0001

　グラウンドにいくと南がわにスタンドがみえる【7-024】。いまはつかわれていないようで、東がわ3分の1ほどがこわされている。スタンドの西のはしには爆風で欠けた断面がのこっている。

　原爆投下後の空中写真【7-026】には通用門がうつっていて、右がわの門柱がそのままのこり、左がわの門柱がたおれているようすがわかる。これがどこにあるか不明であるが、さがせばみつかるかもしれない。

第7章　被爆前の長崎を見つける

## ⑤現役の土木遺産

# 戦前の近代化遺産が日常のなかにさりげなく

### 土木遺産

　時のながれをくぐりぬけ、現代までいきのこったものは建物のほかに、道路・橋・水路などの土木遺産もある。最後にそのようなものをいくつかとりあげる。

### 清水橋

【7-027】清水橋（2020年2月11日）　現・坂本1丁目　橋のむこうにみえるのは沈砂池である。川・沈砂池の左がわを字清水、右がわを字清水脇という。

　旧・長崎医科大学正門まえの谷を下にすすむと沈砂池（73ページ【2-044】）につく。そのすぐ下流に清水橋という小さな橋がある【7-027】。親柱には「大正十三年八月竣工」とほられていて、1924年につくられたことがわかる。
　ふるい時代の橋なので欄干がたいへんひくく、安全のためにあたらしい手すりがとりつけられている。

### レンガのアーチ橋

　清水橋から下流にむかってすすみ、バスどおりをこえると右下に、上面が階段になった赤レ

【7-028】レンガづくりの階段アーチ橋（2020年6月28日）　現・平野町

ンガづくりのアーチ橋があらわれる【7-028】。いまはつかわれておらず、いきどまりである。
　これは原爆投下まえからあって、石垣のうえにあった道につながっていた。橋の右上をよくみると、もとの地面のうえに戦後、コンクリートブロックがつまれ、いまの地面がつくられたことがわかる。

### 岩川町の水路

【7-029】岩川町にのこる水路（2020年6月28日）

いまの岩川町の電車どおりとそのすぐ東のうらどおりとの中間に、南北方向にまっすぐな水路がある【7-029】。これは浦上の低地に原爆投下まえにあった水路のうち、ただひとつ現在までのこっているものである。

## 北村橋梁

電車の赤迫終点から南西にむかうと岩屋川を

【7-030】北村橋梁（2020年6月28日）　現・赤迫町・柳谷町

またぐ長崎本線の鉄橋につく【7-030】。橋台は赤レンガになっていて、その上に鉄の橋げたがのり、さらにその上にまくら木が直接のっている。

## 西郷第一橋梁

千歳町電車停留所から西にむかい、「若葉町

【7-031】西郷第一橋梁（2020年6月28日）　現・若葉町・音無町

遊園」にそってすすんだところにも赤レンガ橋台の鉄橋がある【7-031】。こちらはコンクリートの橋げたになっていて、そのうえに砂利がしかれ、線路がとおっている。

よくみると橋台と橋げたがずれているのがわかる。もともとは橋台の中心に橋げたがのっていたものが、1968（昭和43）年ごろ、現川をとおるあたらしい長崎本線をつくるときに線路がうつされ、いまのようになった。

## 長崎大学経済学部の拱橋

長崎大学経済学部の正門には大きな石づくりアーチ橋がある。これは拱橋（こまねきばし）とよばれ、長崎高等商業学校（25ページ【1-019】）時代からのシンボルとなっている。つくられたのは1903（明治36）年で、橋の上が水平面になっていて、かべ石がほぼ正方形という典型的な明治期のデザ

【7-032】拱橋（2020年7月2日）　現・長崎大学経済学部　上流からみたところ

インとなっている【7-032】。

長崎高商時代には橋の西山町がわの入口に、たかい門柱と鉄のとびらがあった。橋の上には石だたみがあって、いまもむかしのままである。

原爆のときは無傷だったようであるし、1982（昭和57）年の長崎水害のときも中島川の石橋がたくさんこわれたなかで無事であった。その後も「防災」などという理由でとりこわされることはなく、いままでのこってきた。

# あとがき

　この本の原稿づくりをはじめたのは昨年のクリスマスであった。それからちょうど半年で最後まですすむことができた。最初の予想では4月ごろには完成すると思っていたのが、大幅におくれてしまった。

　これは、疫病の流行によって図書館が閉館になってしまい、原稿をかくときに再度かりるつもりだった資料をみることができなくなったためである。しかたがないので、手元にあつめていた資料やインターネット上の資料で代用した。

　Wikipedia（ウィキペディア）はよくまとめられていて便利ではあるものの、かいた人の素性がわからないので、うのみにするのは危険である。ほかに信頼できる資料を検索して、つきあわせる必要があり、そのためにおおくの時間がかかった。

　しかし、そのおかげで、いままで知らなかった大量の一次資料の存在に気がついた。あまりにもおおすぎて、めあての資料をみつけるまでに時間がかかるものの、それに行きついたときは、鳥肌がたつ思いであった。とくに国会図書館、国立公文書館は、実物を複写したナマの資料を無料公開しており、これらが原稿をかくうえで大きな力になった。

　復元地図は予想以上の内容になったものの、まだまだ、だいじなことがぬけているし、それをしらべるための手がかりにも、あたりきっていない。このように不十分な点がのこされているとしても、はやく世の中にだすことのほうがだいじであると考えて、出版をすすめることにした。

　原稿をまとめるために大戦中の長崎について資料をしらべるなかで、当時の政治のおそろしさをあらためて思い知らされた。このような国家が崩壊してよかったとつくづく実感している。

　第4章をみることで原爆被害が一般のイメージよりもかるいとうけとられるかもしれない。あえてそれを強調するのは、原爆が「一瞬にして灰になる」ような別世界のできごとではなく、ふつうの爆弾や焼夷弾、地震などでみる光景と地つづきであり、「大したことはない」と思っているうちに、おそろしいことになるからである。また、浦上以外のできごとをとりあげたのは、原爆の被害が、ふつう知られているよりも、ずっととおくまでおよんでいることを知ってほしいからである。

　この本をかきながら、おおくの歴史的な建物や土木遺産がうしなわれてきたことをあらためて残念に思った。ヨーロッパでは数百年もまえの建築がいまものこされ、修復されている。かたや日本では、記録保存と称して遺跡をつぶし、鉄筋コンクリートの建物さえ半世紀もたたないうちにとりこわしている。いくら日本が地震国といっても、モノと歴史を粗末にしすぎると思う。とくにちかごろの長崎はひどい。目のまえの財産をもっといかして、まちづくりをすすめてほしい。

　最後になったが、復元地図づくりで、とくに長崎原爆資料館の中村明俊元館長、弦本美菜子学芸員には資料を利用するにあたり便宜をはかっていただいた。長崎平和推進協会写真部会の松田　斉部会長、米澤佑樹部員には復元地図に目をとおしていただくと同時におおくのことをご教示いただいた。長崎文献社の堀　憲昭専務取締役には原稿をかくにあたって終始はげましと助言をいただいた。そのほかにもおおくの方々から力ぞえをいただいた。ここに厚くお礼申し上げる。

2020年6月26日著者しるす

# 参考資料一覧

### ◆書籍・刊行物

荒木正人（1986）『アルバム長崎百年　戦中・戦後編』長崎文献社
ブライアン・バークガフニ（2005）『アルバム長崎百年　華の長崎　秘蔵絵葉書コレクション』長崎文献社
鎮西学院『原爆被災鎮西学院平和教育ハンドブック』学校法人鎮西学院
越中哲也監修（1985）『空から見た長崎の観光写真地図　翼を広げて』ナガサキ・フォト・サービス
原田博二監修（2014）『まちなかガイドブックⅠ（新大工・中通り・浜ん町編）』長崎史談会・長崎市観光政策課
本田孝也（2013）「被爆『体験者』は被爆者だ！」『証言：ヒロシマ・ナガサキの声』第27巻 pp. 188-202, 長崎の証言の会
堀　温子（2009）「開発による地域コミュニティの変遷—浦上水源地開発を事例に—」『文化環境研究』第3号 pp.74-82, 長崎大学環境科学部文化環境研究会
生野梅仙（1919）『長崎市地番入分割図』鎮西精図社
時事新報社（1934）「マオラン繊維の商品価値は絶無か」『時事新報』1934.2.10
十八銀行総合企画部130年史編纂担当（2008）『十八銀行130年の歩み』株式会社十八銀行
加來夏美・安武敦子（2020）「長崎市における戦後の戦災復興事業及び住宅地の変遷に関する研究」『長崎大学大学院工学研究科研究報告』第50巻第94号 pp.60-67
嘉村国男（1986）『郷土シリーズ第二巻　長崎町づくし』長崎文献社
活水学院百年史編集委員会（1980）『活水学院百年史』活水学院
加藤昌彦（2016）「『平』らな崖・傾斜地名について」『人権を考える』第19号 pp.68-94, 関西外国語大学
香月薫平（1893）『長崎地名考　上之巻』安中書店
献堂120周年記念誌編集委員会（2017）『中町教会献堂120周年記念誌』カトリック中町教会
木下友一（1985）『昭和十六年頃より原爆まえの復元図』手記
神戸新聞社（1942）「円らかな経済生活へ　けふから衣類の点数切符制だ」『神戸新聞』1942.1.20
小宮まゆみ（1999）「太平洋戦争下の「敵国人」抑留—日本国内に在住した英米系外国人の抑留について—」『お茶の水史学』43号 pp1-48, お茶の水女子大学文教育学部人文科学科比較歴史学コース読史会
熊本逓信局（1939）『電話番号簿　長崎県　昭和十四年七月一日現在』熊本逓信局
草野正一（1999）『長崎県の小字地名総覧—主な小字地図と小字地名—』自刊
90周年誌編集委員会（1986）『中町教会献堂90周年』中町カトリック教会
九州商工新聞社（1947）『昭和廿二年度　九州医師名鑑』九州商工新聞社
九州商船株式会社（1991）『八十年のあゆみ』九州商船株式会社
李　桓（2016）「年表からみる原爆投下までの北部長崎の都市形成」『長崎総合科学大学紀要』第56巻第1号 pp.54-64, 長崎総合科学大学
　〃　（2017）「年表からみる長崎の原爆後の復興過程」『長崎総合科学大学紀要』第56巻第2号 pp.149-170, 長崎総合科学大学
真木　満（1994）『写真集「長崎おもいで散歩」—昭和30年代の街角—』春光社
真木雄司（1995）『写真集「長崎おもいで散歩2」—街角ひとり歩き—』春光社
　〃　（2002）『写真集「長崎おもいで散歩3」—街角1957〜1997—』春光社
松森武嗣（2008）『長崎の後期中等教育の変容』三恵社
松本汎人（2017）『長崎プロテスタント教界史　下巻』長崎文献社
三菱造船株式会社（1957）『創業百年の長崎造船所』三菱造船株式会社
宮本達夫・土田充義（1985）「長崎旧居留地の形成と変遷過程について」『日本建築学会計画系論文報告集』第352号 pp.59-68
長崎地典編纂協会（1954）『国際文化都市長崎市街地図精密地番入』長崎地典編纂協会
長崎大学医学部（1961）『長崎医学百年史』長崎大学医学部
長崎電気軌道（2016）『長崎電気軌道100年史』長崎電気軌道
長崎原爆資料館（2006）『長崎原爆戦災誌第一巻　総説編改訂版』長崎市

長崎医科大学原爆記録集編集委員会（1996）『原爆復興 50 周年記念長崎医科大学原爆記録集第一巻』長崎大学医学部原爆復興五十周年医学同窓記念事業会
長崎自動車 75 年史編集委員会（2011）『長崎自動車 75 年史』長崎自動車株式会社
長崎県医師会（1953）『昭和二十八年六月一日現在　長崎県医師会会員名簿』長崎県医師会
長崎県警察史編集委員会（1979）『長崎県警察史下巻』長崎県警察本部
長崎県教育委員会（1998）『長崎県文化財調査報告書第 146 集　長崎奉行所（立山役所）跡』長崎県教育委員会
長崎県内務部第二課（1897）『長崎市及四近之図』安中半三郎
　〃　（1917）『長崎市及四近之図』安中半三郎
長崎県西彼杵郡（1926）『西彼杵郡現勢一班　郡役所廃止記念』郡役所廃止記念会
長崎県歯科医師会（1943?）『昭和十七年十二月二十三日現在　会員名簿』長崎県歯科医師会
長崎国際文化会館原爆資料課（1975）『原爆被災復元調査事業報告書（別冊）自昭和45年度 至昭和49年度』長崎市
長崎新聞社（1982）『長崎県航空写真集　ふるさと旋回』長崎新聞社
長崎新聞社長崎県大百科事典出版局（1984）『長崎県大百科事典』長崎新聞社
長崎市史編さん委員会（2014）『新長崎市史 第 3 巻』長崎市
長崎市水道局長崎水道創設 100 周年記念事業実行委員会（1991）『'91 長崎水道創設 100 周年 NAGASAKI WATER 100』長崎市水道局
長崎市役所（1939）『長崎市制五十年史』長崎市
　〃　（1979）『長崎原爆戦災誌第二巻　地域編』長崎国際文化会館
　〃　（1983）『長崎原爆戦災誌第五巻　資料編』長崎国際文化会館
　〃　（1985）『長崎原爆戦災誌第三巻　続地域編・終戦前後編』長崎国際文化会館
長崎市役所総務部調査統計課（1956）『長崎市制六十五年史（前編）』長崎市役所総務部調査統計課
　〃　（1959）『長崎市制六十五年史（中編）』長崎市役所総務部調査統計課
長崎消防のあゆみ編集委員会（1988）『長崎消防のあゆみ―自治体消防発足 40 周年―』長崎市消防局
長崎商工会議所（1941）『長崎商工人名録　昭和十六年版』長崎商工会議所
　〃　（1950）『長崎経済名鑑　昭和 25 年版』長崎商工会議所
長崎在日朝鮮人の人権を守る会（1983）『原爆と朝鮮人　長崎朝鮮人被爆者実態調査報告書（第一集）』長崎在日朝鮮人の人権を守る会
　〃　（1983）『原爆と朝鮮人　長崎朝鮮人被爆者実態調査報告書（第二集）』長崎在日朝鮮人の人権を守る会
　〃　（1984）『原爆と朝鮮人　長崎朝鮮人被爆者実態調査報告書（第三集）』長崎在日朝鮮人の人権を守る会
中川安英（2018）「会社紹介第 131 号文明堂総本店」『いしだたみ（公社）長崎法人会だより』第 150 号 pp.10-11，（公社）長崎法人会事務局
日本地図センター（2005）『地図中心　2005 号外　被爆 60 年増刊号』日本地図センター
　〃　（2018）『空中写真に遺された昭和の日本　戦災から復興へ　西日本編』創元社
日本交通時報社（1956）『長崎地典　第 2 版』日本交通時報社
岡林隆敏（2006）『上海航路の時代　大正・昭和初期の長崎と上海』長崎文献社
　〃　・吉田優（1992）「長崎港の埋立と近代都市の形成」『土木史研究』第 12 号 pp.295-304
西部瓦斯株式会社史編纂委員会（1982）『西部瓦斯株式会社史』西部瓦斯株式会社
笹森勝之助・西田博・山城順・渡邊研宣・渡辺敏代（2005）『鎮西学院史跡ガイドブック』学校法人鎮西学院
市制百年長崎年表編さん委員会編（1989）『市制百年長崎年表』長崎市
田口奎作（1983）『長崎浜の町繁昌記』浜市商店連合会
田栗優一（2005）『長崎「電車」が走る街　今昔　海と坂の街定点対比』JTB パブリッシング
東條　正（1995）「戦前期の北部九州における電気軌道・鉄道業と電灯・電力業」『経営と経済』第 74 巻第 4 号 pp.117-159
山口広助（2017）『長崎游学シリーズ 12　ヒロスケ長崎ぶらぶら歩き　まちなか編～町に人あり、人に歴史あり』長崎文献社
矢次辰三（1894）『長崎港新図』　安中半三郎
善隣出版社（1961）『地番町名入り　ゼンリンの住宅地図　観光産業　商工名鑑　長崎　茂木　東長崎』善隣出版社
　〃　（1965）『地番町名入り　ゼンリンの住宅地図　長崎市　市内旧町名地区・東長崎・小ヶ倉・茂木・福田・式見・深堀・土井首』善隣出版社
そのほか『ゼンリンの住宅地図』/『ゼンリンの住宅地図』（善隣出版社 / ゼンリン）1968 年版〜 2019 年版を参考にした。

◆行政資料・博物館収蔵資料など

長崎橋梁台帳　長崎歴史文化博物館所蔵
長崎惣町絵図　長崎歴史文化博物館所蔵
スティムソン・センター寄贈写真　アメリカ軍撮影　スティムソン・センター寄贈　広島市立大学・橋本健佑作成　広島平和記念資料館所蔵
長崎国際文化都市建設事業土地区画整理現形予定図　長崎県長崎復興工事事務所
住居表示案内図 No.1 ～ No.61　長崎市役所
長崎市内の字図・寄図　長崎市役所
長崎市内の和紙公図　長崎地方法務局

◆ウェブサイト

朝日新聞社『ナガサキ、フィルムの記録』http://www.asahi.com/special/nuclear_peace/gallery/nagasaki/
馬耳豆腐ぶらりんこ『十軒蔵 つりがね堂薬局 旧長崎英国領事館 弁天橋とベルビューホテル』http://blog.livedoor.jp/hiore/archives/3004702.html
ちきページ『郵便局データベース』http://www.chikipage.net/postoffice/database/
絵葉書資料館『長崎市』http://www.ehagaki.org/category/shopping/eaja/eaja_a10/eaja_a10_a42/eaja_a10_a42_a1/
ファーザーのHP『九州・下関の高射砲陣地　高射砲第4師団』http://www17.big.or.jp/~father/aab/4thAAD/4thAAD.html
藤城かおる『長崎年表』http://f-makuramoto.com/01-nenpyo/
福岡県立図書館郷土資料課『第53回福岡県地方史研究協議大会 福岡県の戦争遺跡』https://www.lib.pref.fukuoka.jp/hp/kyoudo/date/event/taikaiyousi2019.pdf
福砂屋『福砂屋の商標』https://www.castella.co.jp/fukusaya/fuku4.shtml
古谷昌二『平野冨二とその周辺　文部省御用活版所の開設』https://hirano-tomiji.jp/archives/1459
海外移住と文化の交流センター『建物の歴史』https://www.kobe-center.jp/history.html
関西学院大学 現代民俗学 島村恭則研究室『映画館の記憶 - 長崎市をフィールドとして - 』https://shimamukwansei.hatenablog.com/entry/20160223/1456202215
国土交通省『日本鉄道史』http://www.mlit.go.jp/common/000218983.pdf
国立公文書館『公文書にみる日本のあゆみ』http://www.archives.go.jp/ayumi/
国立公文書館アジア歴史資料センター『長崎要塞地帯内隧道開鑿の件』https://www.jacar.archives.go.jp/aj/meta/image_C03010914200
　〃　『長崎要塞地帯内鉄道布設の件』https://www.jacar.archives.go.jp/aj/meta/image_C03011023200
　〃　『長崎要塞地帯内軌道布設の件』https://www.jacar.archives.go.jp/aj/meta/image_C03011025200
　〃　『長崎要塞地帯内軌道布設並銕橋架設の件』https://www.jacar.archives.go.jp/aj/meta/image_C03011139600
　〃　『軌道布設並鉄橋架設の件』https://www.jacar.archives.go.jp/aj/meta/image_C03011419100
　〃　『要塞地帯及区域の件』https://www.jacar.archives.go.jp/aj/meta/image_C06083131500
国立国会図書館デジタルコレクション『Damage assessment photo intelligence reports of Far Eastern targets filed by area and contain all available information on the area: Sasebo Report No. 3-a(37), USSBS Index Section 7』https://dl.ndl.go.jp/info:ndljp/pid/3984536
　〃　『Damage assessment photo intelligence reports of Far Eastern targets filed by area and contain all available information on the area: Sasebo Report No. 3-a(37), USSBS Index Section 7』https://dl.ndl.go.jp/info:ndljp/pid/3984537
　〃　『Damage plots. Report No. 93a(3), USSBS Index Section 2』https://dl.ndl.go.jp/info:ndljp/pid/8822176
　〃　『Japanese blueprints-industrial and public buildings Nagasaki (54 envelopes). Report No. 3u, USSBS Index Section 2』https://dl.ndl.go.jp/info:ndljp/pid/8318632
　〃　『Japanese blueprints-industrial and public buildings Nagasaki (54 envelopes). Report No. 3u, USSBS Index Section 2』https://dl.ndl.go.jp/info:ndljp/pid/8318634
　〃　『Japanese blueprints-industrial and public buildings Nagasaki (54 envelopes). Report No. 3u, USSBS Index Section 2』https://dl.ndl.go.jp/info:ndljp/pid/8318637

〃 『Japanese blueprints-industrial and public buildings Nagasaki (54 envelopes). Report No. 3u, USSBS Index Section 2』https://dl.ndl.go.jp/info:ndljp/pid/8318639

〃 『Japanese blueprints-industrial and public buildings Nagasaki (54 envelopes). Report No. 3u, USSBS Index Section 2』https://dl.ndl.go.jp/info:ndljp/pid/8318641

〃 『Map and report of survey of demolished houses in the cities of Nagasaki Prefecture. Report No. 5j, USSBS Index Section 2』https://dl.ndl.go.jp/info:ndljp/pid/8318822

〃 『Map showing locations of fire battalion stations (headquarters), substations and auxiliary police and fire units. Report No. 5f, USSBS Index Section 2』https://dl.ndl.go.jp/info:ndljp/pid/8318818

〃 『Mitsubishi steel and small arms works. Report No. 3v(1), USSBS Index Section 2』https://dl.ndl.go.jp/info:ndljp/pid/8318643

〃 『Nagasaki-Research list of damage by air raids(4). Source: Fujimoto, Soshiro, regional fire chief, Nagasaki City. Report No. 3e(7), USSBS Index Section 2』https://dl.ndl.go.jp/info:ndljp/pid/8318567

〃 『Public utilities, Vol. 4 (background material for report). Report No. 3v(75), USSBS Index Section 2』https://dl.ndl.go.jp/info:ndljp/pid/8318746

〃 『Series electric power and distribution. Report No. 3v(29), USSBS Index Section 2』https://dl.ndl.go.jp/info:ndljp/pid/8318673

明治日本の産業革命遺産世界遺産協議会『明治日本の産業革命遺産』　http://www.japansmeijiindustrialrevolution.com/

みさき道人『長崎・佐賀・天草 etc. 風来紀行』https://misakimichi.com/

三浦清一「原爆記」『長崎バプテスト教会公式ウェブサイト』http://www.being-nagasaki.jp/ab%20miura.html

三浦設計『長崎　常岡歯科診療所』http://miurasekkei.jp/CCP012.html

長崎大学薬学部『長崎薬学史の研究』http://www.ph.nagasaki-u.ac.jp/history/research/index.html

長崎原爆資料館『長崎原爆資料館収蔵品検索』http://city-nagasaki-a-bomb-museum-db.jp/

〃 『長崎市平和・原爆』https://nagasakipeace.jp/

NAGASAKI GENEI『原爆写真　PICTURES of ATOM BOMB in NGASAKI』http://hrp.mad.buttobi.net/rcalphoto/realphotoatom.html

長崎経済同友会『長崎港 海岸線の移り変わり』http://www.nagasaki-doyukai.jp/pdf/2000_9/nagasakikou.pdf

長崎県保険医協会『長崎黒い雨地点』https://www.vidro.gr.jp/nagasakigenbaku/

長崎県長崎振興局長崎港湾漁港事務所『長崎港　Port of Nagasaki』http://www.nagasaki-port.jp/

長崎教区カトリック浦上教会『浦上天主堂』http://www1.odn.ne.jp/uracathe/

長崎市中央卸売市場『長崎市中央卸売市場の歴史』http://www.nagasaki-ichiba.jp/about/history/

長崎新聞社『私の被爆ノート』https://www.nagasaki-np.co.jp/feature/peace-site/hibaku-note/

長崎しにせ会『文明堂総本店』http://www.shinisekai.com/kameiten/bunmeidou/

〃 『今村呉服店』http://www.shinisekai.com/kameiten/imamuragofukuten/

長崎商工会『長崎商工会議所の変遷』https://nagasakicci.jp/publics/index/271

長崎都市遺産研究会『長崎の重要建築物』http://www.nagasakicitylegacy.info/heritage/

長崎魚市株式会社『長崎魚市場前史』https://www.nagasaki-uo.co.jp/ichiba_history01.htm

日本近代建築館『長崎』http://www.jmam.net/b/kindai-k/nagasaki.htm

日本空襲デジタルアーカイブ『長崎 - Nagasaki』http://www.japanairraids.org/?page_id=217

岡まさはる記念長崎平和資料館『岡まさはる記念長崎平和資料館近況案内』http://okamuseum.seesaa.net/

gipsypapa『レトロな建物を訪ねて』 https://gipsypapa.exblog.jp/i2/155/

sallinen『長崎プロテスタント宣教１５５周年記念パネル展・その２』https://ameblo.jp/sallinen/entry-11838848476.html

産業考古学研究室『近代化産業遺産　総合リスト』http://kourokan.main.jp/heritage-top.html

札幌市『平和バーチャル資料館』https://www.city.sapporo.jp/ncms/shimin/heiwa

渋沢栄一記念財団『渋沢社史データベース』https://shashi.shibusawa.or.jp/

山口広助『広助の丸山歴史散歩』http://www5d.biglobe.ne.jp/~hirosuke/

**著者略歴**

**布袋　厚**（ほてい　あつし）

自然史研究家、医師免許、博物館学芸員資格をもつ。
1959年佐世保市生まれ。長崎大学教育学部中退、長崎大学医学部卒。
幼少時長崎市に移り住み、長崎南高校時代、地学部で3年間活動。
ライフワークは長崎火山の研究。
2012－2014年および2021年から長崎大学非常勤講師。

著書：
『長崎石物語—石が語る長崎の生い立ち』（2005年　長崎文献社）
『復元！　江戸時代の長崎』（2009年　長崎文献社）
『ビオトープ・里山復元の20年』（2016年　長崎文献社）

# 復元！被爆直前の長崎
### 原爆で消えた1945年8月8日の地図

| 発行日 | 2020年 8月 8日 初版　2020年 8月25日 第2版<br>2020年11月22日 第3版　2024年12月 8日 第4版 |
|---|---|
| 著者 | 布袋　厚　Hotei Atsushi |
| 発行人 | 片山　仁志 |
| 編集人 | 堀　憲昭 |
| 発行所 | 株式会社　長崎文献社<br>〒850－0057　長崎市大黒町3－1 長崎交通産業ビル5階<br>TEL. 095－823－5247　FAX. 095－823－5252<br>本書をお読みになったご意見・ご感想を<br>下記URLまたは右記QRコードよりお寄せください。<br>ホームページ　https://www.e-bunken.com |
| 印刷・製本 | 日本紙工印刷株式会社 |

©Hotei Atsushi, Printed in Japan
ISBN978-4-88851-418-7 C0021 ¥3200E

◇ 無断転載・複写禁止
◇ 定価はカバーに表示してあります。
◇ 落丁、乱丁は発行所あてにお送りください。送料当方負担でお取り替えします。

## 長崎文献社の好評既刊本　（価格は税別）

# 長崎石物語　石が語る長崎の生いたち
布袋 厚

**長崎の山野を調査し「石の来歴」を明かす**

観光名所の石は語る／石はみていた長崎宗教史／石材のふるさと／岩石観察の名所はここ／長崎火山 大地の生いたち／地質探検の初心者入門

A5判 206頁　本体 1600円

978-4-88851-077-6

# 復元！江戸時代の長崎
博物館にのこる絵図のかずかずを現代地図上に集大成

布袋 厚

『長崎惣町図』（明和年間）を現在の長崎市基本図に重ねて復元

古地図を読み解く／江戸時代の海岸線と川筋／ドキュメント 復元図ができるまで／絵図にみる町のうつりかわり／長崎の名所・旧跡 いま・昔／復元図で長崎町あるき

B5判 192頁　本体 2400円

978-4-88851-138-4

◆ポスター「長崎惣町復元図」も好評発売中！
たて84cm 横59cm　　本体 1000円

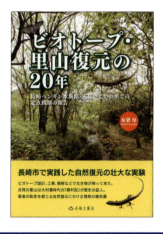

# ビオトープ・里山復元の20年
長崎ペンギン水族館・式見いこいの里での定点観察報告

布袋 厚

ビオトープ設計、工事、植樹などで生き物が帰って来た。
長崎市で実践した自然復元の壮大な実験

水族館のビオトープ／ビオトープ前史／ビオトープ誕生／ビオトープ開園／ビオトープのうつりかわり／ビオトープの生き物／式見の里山／里山の歴史／里山の復元にむけて／市民参加による里山公園づくり／里山のにぎわい

B5判 192頁　本体 2400円

978-4-88851-266-4

長崎文献社

# 長崎游学シリーズ

**好評既刊**　（表示価格は税込）

**1　原爆被災地跡に平和を学ぶ**
原爆落下中心地、浦上天主堂から原爆柳まで
A5判／48頁　1100円　長崎文献社編
978-4-88851-322-7

**2　長崎・天草の教会と巡礼地完全ガイド**
長崎県・天草のカトリック教会と主な巡礼地を紹介
＊韓国語版
A5判／103頁　1760円　長崎文献社編
978-4-88851-092-9

**3　長崎丸山に花街風流　うたかたの夢を追う**
「長崎丸山」の歴史的背景を解説
A5判／68頁　800円　山口広助
978-4-88851-091-1

**4　軍艦島は生きている！**
「明治日本の産業革命遺産」で世界遺産に
A5判／56頁　1100円　軍艦島研究同好会監修　長崎文献社編
978-4-88851-365-4

**5　グラバー園への招待**
日本のあけぼのを展望する世界文化遺産
A5判／72頁　880円　ブライアン・バークガフニ
978-4-88851-156-8

**6　「もってこーい」長崎くんち入門百科**
全踊町の演し物、傘鉾・シャギリ・踊り師匠も紹介
A5判／82頁　1100円　長崎くんち塾編著
978-4-88851-321-0

**7　島原半島ジオパークをひと筆書きで一周する**
国内初の「世界ジオパーク」に認定された島原半島のポイントをガイド
A5判／120頁　1400円　寺井邦久
978-4-88851-412-5

**8　「日本二十六聖人記念館」の祈り**
長崎西坂の丘に建つ記念館のすべて
A5判／97頁　1100円　日本二十六聖人記念館監修　長崎文献社編
978-4-88851-173-5

**9　出島ヒストリア　鎖国の窓を開く**
「小さな島の大きな世界」を解説
A5判／78頁　1100円　長崎文献社編
978-4-88851-184-1

**10　「史料館」に見る産業遺産　三菱重工長崎造船所のすべて**
日本の近代化工業の歴史がこの一冊でわかる　世界文化遺産8件紹介
A5判／94頁　1100円　長崎文献社編
978-4-88851-205-3

**11　五島列島の全教会とグルメ旅**
絶海の列島で生きた人々の歴史はドラマに満ちている
A5判／110頁　1100円　下口勲神父監修　長崎文献社編
978-4-88851-228-2

**12　ヒロスケ長崎ぶらぶら歩き**
まちなか編～町に人あり、人に歴史あり
A5判／152頁　1100円　山口広助
978-4-88851-259-6

**13　ヒロスケ長崎 のぼりくだり**
「ぶらぶら歩き」からエリア拡大
A5判／100頁　1100円　山口広助
978-4-88851-273-2

**14　長崎文学散歩**
作家たちに愛された長崎を歩く　文学作品ゆかりの場所をめぐるガイドブック
A5判／148頁　1650円　中島恵美子
978-4-88851-309-8

**15　歩く楽しむ長崎街道**
シーボルト、吉田松陰、そして象も歩いた道　全行程57里は今どうなっているのか徹底取材
A5判／104頁　1320円　長崎楽会編
978-4-88851-406-4

**16　ヒロスケ長崎山あるき**
ビギナーからベテランまで楽しめる山の魅力　長崎市近郊の山のコースを地図中心にガイド
A5判／88頁　1100円　山口広助監修　長崎フレンズ山の会編
978-4-88851-374-6

**17　長崎恐竜物語**
長崎市恐竜博物館創設に関わった専門家とクリエーターによる恐竜の世界
A5判／102頁　1430円　中谷大輔
978-4-88851-397-5

長崎游学シリーズでは、長崎の歴史と文化を鋭くえぐって、一冊まるごとテーマを深掘りしました。持ち運びしやすいA5サイズの本です。

ウェブサイトもどうぞ

長崎文献社

〒850-0057 長崎市大黒町3-1-5F
TEL 095-823-5247　FAX 095-823-5252